十大汉字

国学金故事

冯梦月　丁卉◎主编

台海出版社

图书在版编目(CIP)数据

勇·影响中国人的十大汉字 / 冯梦月, 丁卉编著.
--北京:台海出版社,2012.9

(国学金故事)

ISBN 978-7-5168-0021-8

Ⅰ.①勇… Ⅱ.①冯… ②丁… Ⅲ.①品德教育-中国
-通俗读物 Ⅳ.①D648-49

中国版本图书馆 CIP 数据核字(2012)第 211217号

勇·影响中国人的十大汉字

编 著:冯梦月 丁 卉

责任编辑:王 品

装帧设计:天下书装 版式设计:方国荣

责任校对:董宁文 责任印制:蔡 旭

出版发行:台海出版社

地 址:北京市景山东街 20 号, 邮政编码: 100009

电 话:010-64041652(发行,邮购)

传 真:010-84045799(总编室)

网 址:www.taimeng.org.cn/thcbs/default.htm

E-mail:thcbs@126.com

经 销:全国各地新华书店

印 刷:北京高岭印刷有限公司

本书如有破损、缺页、装订错误,请与本社联系调换

开 本:710×1000 1/16

字 数:52 千字 印 张:7.75

版 次:2012 年 11 月第 1 版 印 次:2012 年 11 月第 1 次印刷

书 号:ISBN 978-7-5168-0021-8

定 价:18.50 元

题记

小篆

金文

勇

我们往往将鲜花和掌声送给英雄，因为英雄具备了一般人所不具有的美好品质——勇敢。相信青少年朋友们都崇拜英雄，甚至希望自己就是英雄，做一些英勇无畏、救人于危难之中的事情。那么，如何才能勇敢？

勇敢就是要在困难面前挺身而出，要临危不惧。那些遇到事情便畏首畏尾、战战兢兢，躲在大部分人背后的人，是算不上勇敢的。这种人在顺境中往往喜欢坐享其成，而在逆境中又往往坐以待毙。这种人是不能推动历史前进的。

勇敢不等于莽撞。有的人行事匆匆，遇事就站出来，不经过深思熟虑地去担当，一不小心就站到了风头浪尖上，最后有可能自己不保，还让事情局势更加恶化。

一个勇敢的人，他肯定同时具备了许多其他优点，比如正直、清廉、大公无私等等。英雄们之所以成为英雄，都是因为顾全大局挺身而出，敢于以自己的身躯为代价，为大众谋福利。如家喻户晓的英雄荆轲、清官海瑞、七下西洋的郑和……本书讲述的故事告诉我们，英雄出在各个领域，历史也永远是被英雄推着前进的！

做勇敢的人

很多时候，古人身上的很多品质是我们一生都在研究的课题，有些越是浅显的，反而越是让人不容易参透。比如说——勇。我们不知道究竟哪些行为举止都符合了它的标准。所以，我们才会去学校，参照一些读物去了解、对比。而有一天，真正了解了它的定义之后，又开始迷茫了，我是不是也可以做得到呢？现代的教育对从前我们的先人所留下的仁义道德品质什么的逐渐的简单化，取代更多现代该有的东西。因而，编写这套丛书的目的是希望我们不要把这些品质逐渐丢失，我们能对之有更多的了解和比较。

关于勇的成语有：勇往直前，智勇双全，自告奋勇等等。而孔子曾经说过：知者不惑，仁者不忧，勇者不惧。知道的人不会疑惑，仁爱的人不会忧愁，勇敢的人不会惧怕。个个听起来还是挺复杂。而从勇的字面上来看，由上面一个甬和下面一个力组成，是说勇是一件非常花力气的事情吗？有勇的人一定得力大非凡，体育很好吗？那不是一般平常的人都没有勇了？

在瑞典附近的一个自然保护区，有一个小孩不慎掉进了湖里，而湖里是有鳄鱼出没的，小孩很快被一只很大的鳄鱼叼住了。这时候，岸上的一个妇女毫不犹豫地跳了下去，奋不顾身地用手击打鳄鱼的鼻子、头部，迫使它松口。岸上的其他人也回过神来，纷纷协助，报警，拿东西投击鳄鱼，最终两人得救。大家都以为那个瘦小的、普通到不起眼的妇女一定是小孩的母亲，却不想，原来是小孩的老师。她说，我把孩子带出来，就一定要安全地带他回去。于是，我们知道了，勇也是一种很重要的责任感。

我小时候对勇敢的理解很懵懂，经常会觉得课堂上有同学敢顶撞老师，不管他是不是在理，我都觉得这位同学真是勇敢。其实这关乎我国教育体制的问题，我们数千年来，老师都非常神圣，学生必须对老师毕恭毕敬，不管是对还是错。而在海外的一些国家里，人和人之间讲究的就是平等，一切平等，每个人对别人都可以随意讲出自己的意见和看法，平民对总统也是这样。在我国，虽然国情不同，但丝毫不影响老师的勇敢和伟大。他们教书育人，兢兢业业，一个人面对的是一个班的学生，一届一届的学生，一个年级的学生，这难道不需要勇气吗？

小时候我对勇敢的理解是，别人做了自己想做而又不敢做的事情，就是勇敢了。这种理解对吗？现在想想，也不全错。要分清楚这些事情的对错。如果是错的，或者有缺陷的，或者只是对自己有利对他人有害的，就成了鲁莽，那就千万不要去做。勇敢、鲁莽，乍看相似，却本质不同。为了完成有益的事，不怕困难和危险，是勇敢；为表现自己，不顾后果地去做无益的事，是鲁莽。所以，要分清楚自己做的事情是勇敢还是鲁莽。

书中还有很多很多的例子，列举了古人的勇敢事迹，我们可以去多了解，可以以他们为榜样。但同时，还是要更多地从我做起，从小事做起。比如说，在拥挤的公车上让座，公共场合看到小偷能喊一嗓子等等，这些都是勇敢的表现。

冯梦月

目　录

两位留学中学女生在阅读了大量国学故事后，深受启发，她们希望把这些优良的文化传递给自己的学弟学妹，因此萌生了策划并编写一套国学故事书的念头。这就是此套书的由来，书中都是一些真实的历史人物，他们凭借自己的智慧和美德，创造了实实在在的文化。

这套故事分十个部分："廉"、"让"、"贤"、"礼"、"义"、"孝"、"信"、"学"、"勇"、"忠"。从不同的角度，不同的方面，向读者们阐述了为人处事、待人接物等中华民族千百年来积淀的美德。

这一套丛书图文并茂，精美不低俗，生动又不浅显。它不是严厉的教师，孩子们不必肃然正立、洗耳恭听，但是它所传递的信息、它教给孩子们的道理，却更让他们刻骨铭心。任何一个学者，只要接触中华文化，都会惊叹；任何一个孩子，只要阅读国学故事，都会受益。

所以，我觉得这套书，很值得推荐。

——河南大学历史系教授、《百家讲坛》主讲人

王立群

壮士荆轲刺秦王

荆轲(？——公元前227年),又叫荆卿或庆卿,战国末期卫国人。好读书击剑,以刺杀秦始皇而著名。

战国时期是中国历史上的动荡时期，各国之间连年战争不止,人民生活非常痛苦。当时大国欺侮小国,小国毫无安全感可言。

燕国是个弱小的国家,当时强大的秦国已经灭亡了赵国,接着又把矛头对准了燕国。燕国的太子丹心里十分清楚，光是依靠武力是没法和秦国抗衡的,于是他找到了一名叫荆轲的勇士,让他去刺杀秦王。太子丹认为:只要秦王一死,燕国就会有个安定时期。

太子丹把荆轲当作贵宾对待,让他住上好的宾馆,吃上好的饮食,穿最好的衣服,还把自己的车马和奇珍异宝供荆轲使用、玩耍。

果然,有情报说秦国很快就起兵攻打燕国了,太子丹非常着急,便去找荆轲商量。

荆轲说:“要刺杀秦王，首先要设法接近他。我听说秦王早就想得到燕国最肥沃的土地督亢(今河北涿县一带)，还有秦国的将军樊於期,是秦王的仇人,前不久逃到了燕国。如果能拿着督亢的地图和樊将军的头作为献礼,也许能见到秦王。”

太子丹说:“督亢地图可以马上弄到。但是樊将军正是因为受秦国的迫害，走投无路，才到我们这里来的，我怎么忍心杀害他呢？”荆轲看燕太子丹优柔寡断，就私下去找樊将军，对他说："秦王杀了您的父母，灭了您的宗族。现在我决定去刺杀秦王，想借将军的头作献礼，好接近他以便下手。这样我既能解除燕国的危难，也能帮将军报仇，不知将军意下如何？"樊於期说："我日夜想着报仇的事，只是苦于没有办法，今天您开导了我，我还有什么不愿意的呢？"说完就拔剑自刎了。

太子丹听到这件事以后，知道事已至此，只能按荆柯说的办法去做，便用木匣子装上樊将军的头，把它和督亢地图一起交给了荆轲，还派秦舞阳为副手，准备出使秦国。太子丹还为荆轲准备了一把用毒药煮过的锋利的匕首，作为秘密武器。

临出发那天，太子丹在易水河边为荆轲送行，他们都穿了白衣，因为这一去就有可能回不来了。荆轲端起酒，一仰脖子把酒一饮而尽。这时，有人敲起了一种叫筑的乐器，荆轲和着筑声大声歌唱"风萧萧兮易水寒，壮士一去兮不复还！"歌声充满悲壮，听的人无不流泪。唱完歌，荆轲跳上马车，头也不回地出发了。

几天以后，荆轲和秦舞阳到了秦国都城咸阳，拜见秦王。秦舞阳非常紧张，腿直发抖，但是荆轲态度从容不迫，秦王看不出丝毫破绽，认为荆轲他们是真心实意来献城的。荆轲先献上了樊於期的人头，秦王见了十分高兴，于是他放松了对荆轲的警惕，要荆轲再把督亢的地图献给他，并指给他看。

荆轲从秦舞阳的手中取过地图，双手捧给秦王。他把地图放在桌上，不慌不忙地慢慢展开。当地图展到末尾时，突然现出一把亮闪闪的匕首，秦王还没弄清是怎么回

临危不怯就等于在战场上赢得了一半胜利。——普劳图斯

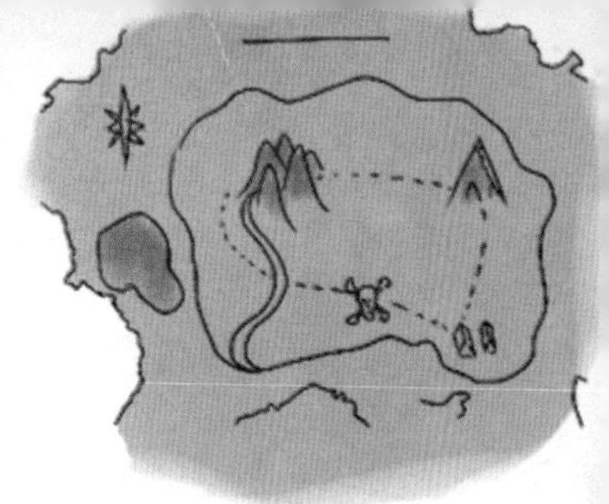

事，荆轲就猛地抓起匕首，朝秦王刺去。恰巧这时，旁边一个御医拿起一个药袋子扔过来，荆轲以为是暗器，就把手一挡。但就在这一眨眼工夫，秦王已拔出宝剑，一刀把荆轲的左腿砍断了，但荆轲面不改色，将匕首向秦王掷去，秦王一闪，匕首打在殿中的柱子上。

这时，秦王的手下把荆轲包围起来，荆轲大声喝道："我只恨没有杀死你！"秦王大怒，举剑刺死了他。秦舞阳也被乱刀砍死了。

荆轲行刺秦王虽然失败了，但他那勇敢的精神却一直为后人所传颂。

《史记·六国表》《战国策·燕策》

本篇成语解释：

1.【优柔寡断】优柔：迟疑不决；寡：少。形容犹豫不决，不果断。
2.【从容不迫】不慌不忙，非常镇静。
3.【真心实意】真实诚恳的心意。表示没有丝毫的虚伪。

子路临死结帽带

子路（公元前542年——公元前480年），又名仲由，春秋末期鲁国卞（今山东泗水）人。孔子的得意弟子，善于治理政事。为人伉直鲁莽，勇武有力。

孔子不但是中国历史上的大贤人，而且是伟大的思想家、教育家。相传他所教的学生有三千多人，而其中最为出名的学生有七十二人。

子路就是这七十二人中的一个。他平时为人虽然有些粗率，但是却很勇敢，也很诚实守信。

子路生活在春秋末期。他那时生活在卫国，当时的卫国由一个政治家孔悝管理着。孔悝很有才能，把国家管理得很好。

但是卫国还有一个人叫蒯聩，这个人没有什么才能，却野心勃勃，想当卫国的国君，于是他策划了一起阴谋。

一天，蒯聩突然带人闯进孔悝的家里，用武力挟持了孔悝，逼迫他同意让自己当国君。事情发生的时候，子路正好有事外出，不在都城内。但当他听到这个消息以后，他立刻明白了，这是一场政变，是蒯聩想篡夺王位。由于他一直在孔悝家里当管家，孔悝对他很好，

他们的关系也很不错，因此子路决定马上回都城，设法除掉蒯聩，救出孔悝，为国除害。

半路上，他碰到了卫国的另一位官员。那个人神色慌张地对他说："子路，你来得太迟了，城门已经关闭了。再说，你进去也很危险，城里出事了，你知道吗？还是跟我一块到别的地方去吧！"

子路说："不，我一定要进城去，救出孔悝。"

那个人又说："现在来不及了，孔悝已经被关起来了，而且你一个人去又有什么用呢？他们人多势众，你根本不是对手啊！"

子路沉思了一会，说："我记得我的老师孔子教导过我，一个人最重要的是讲信用。我是孔悝的管家，现在他遇到了麻烦，我如不去救他，却只顾自己逃命，那不是无仁无义吗？我不能做那种人，即使斗不赢他们，我也要拼一拼！"说完，他义无反顾地仍旧往前赶路。

子路闯进了城，他径直来到孔悝家。只见大门紧闭，隐约有一种不祥的气氛。他使劲地敲门，一边敲一边喊："快开门，快开门，我是子路！"

孔家看门的老人好心地对他说："别喊，别……喊！子路，现在蒯聩在里面，他们有很多人，都带着武器，你别来送死了，还是快走吧！"

子路哪里会害怕呢，他故意高声说："平时我替孔悝做事，我们关系不错。现在孔大人有了困难，国家有了危险，我岂能撒手不管？我一定要救出他！"

守门的老人见他慷慨激昂，大为感动，就偷偷地让他进去了，子路找了半天，找不到人，就大叫道："蒯聩，你这个小人，你为什么要劫持孔悝？你有理就站出来，给我当面讲清楚，否则我就要烧房子了！”

蒯聩本来不想理子路这个书生，但听说子路要放火烧房子，气极了，立刻派出两个身高力大的武士带着武器向子路扑来。

子路当然不是对手，但他仍然勇敢地同武士厮杀，由于他身孤力弱，很快身负重伤，鲜血直流，缨带（帽子上的带子）也被砍断了。子路说：“君子即使是死，也不能让帽子掉下来！”他咬咬牙，硬是挺直身子，结好帽带，然后倒在了血泊之中。

虽然子路没有能救出孔悝，但是他面对敌人毫不畏惧，保持气节的精神至今让人感动不已。

《史记》（卷六七）

本篇成语解释：

1.【野心勃勃】野心：指攫取名利、地位等的欲望；勃勃：旺盛的样子。形容野心极大。

2.【义无反顾】义：宜，应该做的事；反顾：回头看。做正当合理的事，只有上前，绝不回头。

3.【慷慨激昂】慷慨：情绪激动；激昂：振奋昂扬。现形容情绪、语调激动而充满正气，精神振奋。

敢于行事不等于鲁莽行事。权力是柄双刃剑，掌握不当，伤人又伤己。运用权力需要智慧、需要谋略，有勇无谋不算是真正的勇者。

梁惠王认错求贤

梁惠王(公元前400年——公元前319年),名叫魏莹,又被称为魏惠王,战国时魏国国君。

要让一个有身份的人承认错误是非常不容易的。但是,在战国时期有一个国君,为了获得一个人才,却能公开地认错,这是多么不简单啊!

这个国君就是战国时魏国的国君梁惠王。

魏国原来比较强大,但后来由于连年战争,消耗很大,逐渐衰弱了,梁惠王决心重新振兴国家,富国强兵,他知道要做到这一点首先是要有人才,于是四处探求人才。

当时的齐国有个名叫淳于髡的人,知识很渊博,上通天文,下通地理,是不可多得的一个人才。

梁惠王便派手下的官员刘某去请淳于髡来作客。最初,淳于髡不愿意去魏国,但经不住刘某的再三邀请,还是去了。

梁惠王非常高兴,用最高的礼节欢迎淳于髡,还大办酒宴为淳于髡接风,然后让淳于髡到豪华的宾馆里去休息。

第二天，梁惠王把淳于髡请到宫中，想单独和他谈谈，听听他的高见。刚寒喧了几句，正要进入正题，恰恰这时一个侍卫有事进来禀告，梁惠王同侍者讲了很久，把淳于髡晾在一旁。

等到他眉飞色舞地把侍者打发走，再想和淳于髡好好谈谈治国之道时，淳于髡却一言不发，像个木头人似的坐在那里。

梁惠王知道自己理屈，因为刚才不该顾着和侍者谈话而把淳于髡晾在一边。他无可奈何地打发淳于髡走了，要他再好好休息几天。

没过几天，梁惠王又第二次会见淳于髡，可是同第一次一样，中间又由于侍者有事打岔，还是没有谈成。

梁惠王以为淳于髡没有真才实学，只不过徒有虚名，所以不敢与自己谈论治国的道理。于是对刘某说："我以前以为他很有学问，但他来了之后竟然连一句话都不说，我看他是心虚不敢讲，怕露馅；或者就是他瞧不起我！"

刘某把这些话讲给了淳于髡听，淳于髡说："梁惠王说得没错，我是没讲一句话。但是我两次去见他，他的兴趣都不在谈论治国之道上。你说，在这种情况下，我说了又有什么用呢？"

刘某想，这里面肯定有误会，于是就去打听真相。后来他才得知，的确不错，梁惠王的心思是不在谈论国事上面。第一次的时候，是由于有人向魏王献好马，魏王一时高兴，就把淳于髡给忘记了；第二次两人刚要谈，恰巧又有人送来一位能弹会唱的艺人，所以又打断了。

搞清了事情真相以后，刘某知道事情不能怪淳于髡。于是刘某劝梁惠王说："您虽然像是要听淳于髡的意见，但其实您还

不论你是一个男子还是一个女人，待人温和宽大才配得上人的称谓。

一个人的真正的英勇果敢，决不等于用拳头制止别人发言——萨迪

是没有向他请教的诚意，他当然就一声不吭了！”

梁惠王一想，是啊，原来是我自己对淳于髡太失礼了。他感到礼贤下士是非常重要的，于是第三天又派人把淳于髡请来。一见面，梁惠王就向淳于髡赔礼道歉，说：“前两次我失礼于先生，请先生多多原谅！我现在诚心诚意地向您请教治国治民的道理，希望先生不要保留，多多指教！”

淳于髡见梁惠王如此诚意地向自己道歉、请教，就改变了以前的态度，与梁惠王谈开了。这一次他们谈得很投机，一连谈了三天三夜……

《战国策》

本篇成语解释：

1.【富国强兵】使国富，使兵强。

2.【眉飞色舞】形容喜悦或得意的神态。

3.【徒有虚名】谓有名无实。

4.【礼贤下士】礼：以敬礼对待；士：有见识和能力的人。敬重贤人，有礼貌地对待地位低的人。旧时形容封建君主或贵官重视人才。

破釜沉舟拼死战

项羽(公元前232年——公元前202年),名籍,人称“西楚霸王”。秦朝末年下相(今江苏宿迁)人,秦末农民起义领袖。力能扛鼎,才气过人,留下著名的纪念虞姬的《垓下歌》。

秦朝末年,各地纷纷起兵反抗秦国的残暴统治。在各地的起义队伍中,以项羽为首的楚军,纪律严明,英勇善战。楚军在山东、河南一带,一连打了许多胜仗。秦军见势不妙,慌忙派大将章邯率领大队人马前来增援。在秦军的强大攻势下,楚军因为寡不敌众而败退了。接着,秦军包围了巨鹿(今河北平乡县西南),为了救援巨鹿,上将军宋义和项羽急忙率三十万大军开往巨鹿。但当得知秦军实在太强大之后,他们不想作白白的牺牲,就在安阳(今河南安阳县东南)停了下来,而且一停就是整整四十六天。这可把项羽急坏了。

项羽找到宋义,要他决定赶快渡过漳河,向巨鹿进军。但宋义坚决不同意,他还振振有词:“这事用不着你操心,我自然有打算的。虽然冲锋陷阵我不如你,但是出谋划策嘛,你可就比不上我了!”

当时正是隆冬季节,天寒地冻,风雪交加。士兵们又冷又饿,怨声四起,而宋义不顾士兵们的死活,每天仍大吃大喝。

项羽看到这种情况，实在是忍无可忍。于是他当机立断，杀了宋义，并把宋义的头挂在帐前向全军示众，发布命令说，如果谁贪生怕死，按兵不动，一律格杀勿论。

士兵们早就等得不耐烦了，于是纷纷响应。他们都认为：与其冻死饿死，还不如在战场上拼杀一番。士气一时十分高涨。

项羽马上派英布等将领带领两万人马，渡过漳河。经过英勇奋战，终于打败了巨鹿外围的秦军，但是秦军马上又派更多的人包围了巨鹿。

项羽没有办法，只好命令全军将士渡河北上，准备孤注一掷。这个决定，他考虑了很久，因为他不能不考虑到士兵们的生命安全和战争的结果。

部队全部过河以后，项羽命令手下将士将渡船全部凿沉，将饭锅统统砸破，又用一把大火烧光了岸边的房子；并下令全军每人只准带三天的粮食。

他慷慨激昂地对将士们说：“我们这次打仗，有进无退，三天之内，一定要把秦军打败！”将士们见项羽有如此拼死战场、誓不后退的决心，都深受鼓舞。

章邯的副将王离听说项羽破釜沉舟，暗笑他不懂兵法，连退路也不留一条。他哪里想到项羽是下定必胜的决心，才破釜沉舟的。

楚军一到前线，就把秦军包围起来。双方一交战，项羽的部下一个个拼死作战，以一当十，越战越勇。项羽身骑乌骓马，猛虎般冲入秦军阵中，杀得秦军人仰马翻，死伤无数。一时间，杀敌

之声惊天动地，响彻云霄。经过几次反复拼杀，王离被活捉了，章邯带着残兵败将狼狈逃走，嚣张一时的秦军，就这样被打垮了。

当时前来援救巨鹿之围的还有十几路各地起义人马，但他们害怕秦军强大，都不敢交战，这次见项羽率军冲入秦营，如入无人之境，都惊呆了，连大气都不敢出一声。战争结束后，各路官兵都前来道贺。他们低着头弯着腰进入项羽的军营，拜伏在项羽面前，表示愿意听从项羽的指挥。从此，项羽成了各地抗秦起义军的首领，并被称为“西楚霸王”。

《史记·项羽本纪》

本篇成语解释：

1.【破釜沉舟】釜：锅。把饭锅打破，把渡船凿沉。比喻下决心干到底。

2.【冲锋陷阵】陷：深入，攻破。向敌人冲击，深入敌阵。形容勇敢地作战。

3.【忍无可忍】再也不能忍受下去了。

4.【当机立断】当机：抓住时机。形容事情到了紧要关头，就毫不犹豫地作出决断。

5.【按兵不动】按兵：停兵不进；不动：指不行动或不前进。原指作战时掌握一部分力量暂不行动。现也比喻接受任务后不肯行动。

卓越的人的一大优点是：在不利与艰难的遭遇里百折不挠。——贝多芬

樊哙勇闯鸿门宴

樊哙（？——公元前189年），西汉沛县（今江苏沛县）人，汉初将领。勇猛无敌，屡立大功。身材魁梧，力大过人。官至左丞相。

一天，从一座军营里突然传出这样一句话："好！好！再来一只猪腿，赏给这个壮士！"这句话是秦朝末年一个起义军将领项羽对樊哙（刘邦手下的一个壮士）说的。为什么会说这样的话呢？读完下面的故事，你就会明白的。

当时，项羽与另一个起义将领刘邦在争夺天下。刘邦先攻占了秦朝的都城咸阳，项羽来迟了一步，但他很快攻破了咸阳附近的函谷关，进驻鸿门（今陕西临潼县东面）。这时，项羽的军队有四十万，而刘邦却只有十万人，当然不是项羽的对手。

刘邦手下有个将领，早就想投靠项羽，就暗中派人对项羽说："沛公（刘邦）想留下来当关中王，还想让秦王子婴当他的相国。他想一个人独占秦朝的珍宝。"被他这么一挑拨，项羽更是恼火极了，马上下令说："明天一早，让士兵们饱餐一顿，作好充分的准备。去攻打刘邦！"

项羽有个叔叔，名叫项伯，他一向跟刘邦的谋士张良关系密切，他怕张良被项羽的军队杀死，就连夜骑马向张良通报了情况，让张良迅速逃走。这时刘邦来到张良的营帐里，听到

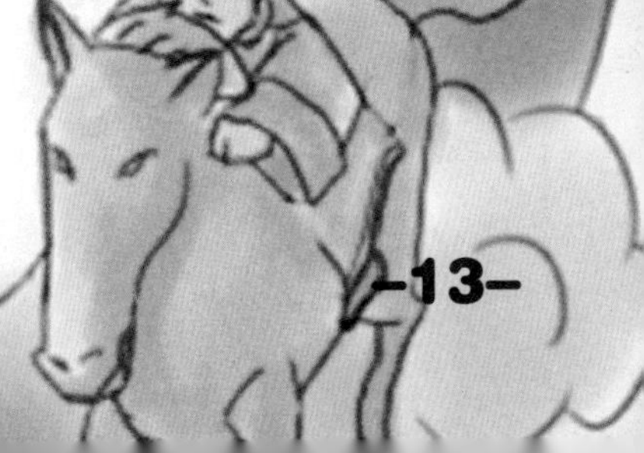

这个情况，便请求项伯回去之后向项羽求情。项伯走后，张良与刘邦仔细商量，决定第二天早晨很早就去向项羽赔礼，以化解危险。项伯回到自己的营中，把刘邦的意思转告了项羽，并说：“要不是沛公先攻破关中，您怎么能这么方便就进关呢？人家立了大功，你反而去攻打他，太不讲道理了。明天沛公来了，不如好好招待他一番。”项羽觉得有道理，就点点头答应了。

第二天一早，刘邦带了张良、樊哙等几个亲信及一百多个卫士，赶到鸿门，向项羽请罪请安。项羽在鸿门设宴，款待刘邦。宴席上，项羽的部下范增好几次给项羽使眼色，暗示项羽要当机立断，利用这个机会除掉刘邦，可是项羽毫无反应。

范增心里着急，急忙离席召来项羽的堂弟项庄，对他说：“大王为人仁慈，优柔寡断，迟迟下不了杀死刘邦的决心。你马上进去为他们祝酒。然后请求舞剑助兴，再乘机在席间杀死刘邦，要不然的话，以后我们都完了！”

项庄马上进去祝酒，然后拔剑起舞。这就是后人说的“项庄舞剑，意在沛公”。项伯看出了项庄的用意，于是也拔剑起舞，并且故意用身体掩护刘邦，使项庄无法下手。

张良见刘邦处境危急，连忙跑出营帐，找来了樊哙，对他说：“情况非常危急！项庄正在舞剑，他的用意就在沛公身上。”

樊哙听后，一手持剑，一手拿着盾牌，直往营里面闯。守门的卫士想阻拦，被他撞倒在地，樊哙来到宴会厅，瞪大眼睛看着项羽，头发直竖起来，眼眶也快瞪裂了。项羽大吃一惊，手按宝剑，大声问道：“你是什么人？”张良在一旁连忙说：“他是沛公的侍卫。”项羽说：“好一个壮士，赏他一大碗酒！”樊哙接过酒杯，一饮而尽。

应当惊恐的时刻，是在不幸还能弥补之时；在它们不能完全弥补时，就应以勇气面对它们。——丘吉尔

项羽一向喜欢豪爽的人，现在看见樊哙这么爽快，又大声说："好！好！再来一只猪腿，赏给这个壮士！"樊哙毫不客气。立刻接过那只生猪腿用剑割下来大口大口地吃，左右的人都吓呆了，这可是生猪腿呀！樊哙吃完后义正言辞地对项羽说："如今沛公攻进咸阳，东西丝毫不取，封好库房，就是等候大王到来。这样劳苦功高的人，大王不但没有奖赏，反而听信谗言，要杀有功的人。这与以前的秦王有什么不同？我认为大王不应该这样做。"项羽一时答不出话，只好连声说："坐吧！坐吧！"樊哙坐了下来，项庄、项伯也都停止了舞剑。宴会上的气氛渐渐缓和下来了。

后来，刘邦假装上厕所，乘机逃了回去。他回到驻地以后，才喘了一口气，然后马上下令杀了那个向项羽告密的人。

《史记·项羽本纪》《史记·樊哙列传》

《史记·高祖本纪》

本篇成语解释：

1.【项庄舞剑，意在沛公】项庄席间舞剑，企图刺杀刘邦。比喻说话和行动的真实意图别有所指。

2.【劳苦功高】出了很多力，吃了很多苦，立下了很大的功劳。

朱云折栏勇直言

朱云，生卒年不详。东汉末年官员，嫉恶如仇，敢于直言，官至县令。

东汉末年的一天，天气很好，太阳早早地就跳出了海面，照耀着大地，让人感觉十分舒服。

在一座金碧辉煌的大殿里，汉成帝正在接受文武百官的朝见。不久，一个内官匆匆地禀告成帝说："陛下，槐里县县令朱云正在殿外请求进见。"

听说是朱云，成帝不禁一愣，因为他早就知道朱云不是个平庸之辈。现在他这么老远跑到朝廷来请求进见，肯定是有重要的事情。汉成帝马上下令传朱云上殿。

不一会儿，一个男子健步走进大殿，他身材高大，容貌秀美，面容和善。只见他上前拜见过皇帝，就从容不迫地说："陛下，我今天来拜见您，是有一句话要讲，也许您不喜欢听，但是

我不说出来就不舒服，所以恳求您听我讲完。”

“我认为朝廷中的每个大臣，都应该全心全意地辅佐陛下，齐心协力地让国家繁荣富强，人民安居乐业。但事实上，现在有许多大臣，领了陛下赐给的厚禄，却没有丝毫政绩，有的还胡作非为，亵渎了他们的神圣职责。所以我恳求陛下赐给我尚方宝剑，让我斩杀佞臣，用来告诫其他大臣，以便重振朝纲！”成帝想想，觉得朱云说的有道理，就问朱云说：“那个佞臣到底是谁呢？”

朱云一字一顿地回答说：“是安昌侯张禹。”

“啊呀！”在场的大臣一听到这个名字，都不禁失口叫出声来。为什么呢？因为张禹是汉成帝的老师，成帝一向对他很尊重，还特意任命他做大官。可是现在朱云竟然要求斩杀张禹，以重振朝纲，这不是在太岁头上动土嘛！有人想：这个朱云胆子也太大了，说谁不行，为什么偏偏说张禹呢。

汉成帝“呼”地站起身来，脸色大变，用手指着朱云大声吼道：“大胆小臣，竟敢当廷侮辱我的老师，快给我拉下去斩了！”

手下的侍卫一听命令，马上冲上前来，抓住朱云就往外拖。朱云毫不畏惧，他双手紧紧地抓住殿前横栏上的栏杆，任凭那些人怎样拖，他就是死死不松手。

没过多久，只听“咔嚓”一声，栏杆被拦腰折断了，朱云被拖出了大殿。

在离开大殿前，朱云大声喊道：“我是一片忠心，为了国家的利益才说这些话的，我死了也不遗憾！只可惜陛下会落得个滥杀忠臣的坏名声啊！”

如果不敢去跑，就不可能赢得竞赛；如果不敢去战斗，就不可能赢得胜利。——佚名

朱云的壮举令在场的一位将军辛庆忌十分感动。他决心要冒死为朱云求情，于是他毅然走到成帝面前，脱下官帽，跪在地上为朱云叩头求情。他恳切地说："陛下，朱云一向刚正不阿，毫无私心。只要他说得对，陛下就不应该杀他。即使他说错了，也要等搞清事情真相以后再处置啊。否则的话，以后还有谁敢向您提意见呀？我愿意用性命作担保，朱云绝不是乱说的人，望陛下三思以后，再作决定吧！"

宫门之外，天色忽然变阴暗了，似乎老天爷也在替朱云鸣不平，刽子手提着钢刀正要把朱云处死。

忽然，一阵急促的马蹄声由远及近，"皇上有令，刀下留人！"马上那人很远就叫道。朱云终于脱险了。原来是汉成帝想通了，下令宽恕他，才使他保住了一条性命。从此，"折栏"一词，成了朝臣敢于直谏的典故。

《后汉书·朱云传》

本篇成语解释：

1.【金碧辉煌】金碧：指国画颜料中的泥金、石青和石绿。形容建筑物装饰华丽、光彩耀眼的样子。

2.【全心全意】一心一意，不夹杂别的想法。

3.【安居乐业】安：安稳；居：住的地方；乐：喜欢；业：职业。居住的地方安定，喜爱自己的职业。形容人们安定地生活，愉快地劳动。

汉高祖知过赔礼

刘邦(公元前256年——公元前195年),字季,沛县(今江苏沛县)人,秦末农民起义领袖,西汉开国皇帝,史称汉高祖。写有《大风歌》。仁而爱人,乐善好施,豁达豪爽,喜交朋友。

前文叙述了战国时一个国君勇敢地承认错误的故事。在汉朝也有一个皇帝,他不但承认错误,还勇敢地改正错误,这就更少见了。

这个皇帝就是汉高祖刘邦。

汉高祖刘邦有智有谋,善于网络人才,在秦末农民起义中很快壮大了自己的实力。但他有点虚骄之气。当年他率军进入秦国都城咸阳以后,对秦朝宫殿富丽堂皇的建筑,尤其是姿色无比的宫女入了迷,想留在秦朝都城,享受人间至乐,不愿继续苦战。后来幸亏张良和樊哙及时提醒,他才没有误入歧途。经过四年的楚汉战争,他打败项羽,最终夺取了天下。刘邦建立汉朝以后,老毛病又犯了,他开始贪图享受,在上林苑中养了许多飞禽走兽,把上林苑变成自己打猎的娱乐场所。

当时的丞相是萧何,他很有政治头脑。他知道,土地对生活十分艰难的农民来说很重要,而上林苑却浪费了不少土地,所以他

决定不计个人得失，为人民利益着想，劝刘邦把土地让给农民耕种。

一天，萧何来到宫中拜见汉高祖，他言辞恳切地说："长安附近人多地少，而上林苑中却有许多空地，我请求陛下把它赐给无地的百姓耕种，让他们能够安居乐业。"

汉高祖一听，非常生气，指着萧何大骂："你明明知道上林苑是我喜欢的地方，却偏偏要我拱手让出。你到底打什么主意？我看你是被一些商人买通了吧！"说完，命令侍卫抓住萧何，打了他一百大板，然后把他关了起来。

大臣王卫尉听说这件事后，深为萧何的遭遇感到不平。他去问汉高祖："陛下，您为什么要把萧丞相关进大牢？他究竟犯了什么罪？"

汉高祖气呼呼地说："我听说当年李斯在秦国当丞相时，总是把错误揽在自己身上，而把功劳归于君主。可是萧何他收受了别人的贿赂，竟要我让出上林苑给百姓耕种，以此来换取民心，却不考虑我的利益，所以我要惩罚惩罚他！"

王卫尉激动地说："陛下，您这么做实在太不讲情理了！萧丞相敢于为百姓讲话，正是他忠于职守的表现。否则的话，他完全可以不管。您怎么能胡乱猜疑呢？"

勇气很有理由被当作人类德性之首，因为这种德性保证了所有其余德性。——丘吉尔

他越说越激动："当年陛下南征北战的时候，萧丞相正驻守关中，那时他完全可以割据一方，但他没有那么做，因为他始终忠实于您。您想一想，他连半壁江山都不要，会要别人给的区区几两黄金吗？再说，秦朝的李斯处处归罪于自己，最终使秦王不闻过失而亡国，而萧丞相为百姓说话，正是为了使陛下的天下太平，相比之下，谁是真正对陛下有利，还不清楚吗？"汉高祖无言以对。回去以后，他越想越感到自己理亏，觉得不该那么做，最后他下定决心抛开面子，勇敢地改正自己的错误，向萧何赔礼道歉。

第二天，他下令释放萧何，并惭愧地向萧何当面道歉说："你为了汉朝的安定太平，主动为民请命，真是国家的贤相。我竟一时糊涂，抓你入狱，做出了像昏君夏桀、商纣那样的荒唐事。我要让天下的老百姓都知道我的过失，并以此为鉴，彻底反省自己，时时提醒自己！"

汉高祖勇于改过的举动使萧何大为感动，也使天下百姓更加钦佩他。汉高祖也因不凡的功业成为一代名君。

《汉书·高祖本纪》《史记·高祖本纪》

本篇成语解释：

1.【乐善好施】爱做好事，乐意施舍。慷慨解囊，乐于助人。

2.【南征北战】形容转战南北，经历了许多战斗。

3.【半壁江山】半壁：半边；江山：国土。指保存下来的或丧失掉的部分国土。

4.【为民请命】替老百姓说话。

神箭还数飞将军

李广（？——公元前119年），陇西成纪（今甘肃秦安）人，西汉名将，人称“飞将军”。猿臂善射，勇敢善战。官至太守。

李广身材高大，手臂奇长，特别善于骑马射箭。他一生中大部分时间是在战场上度过的，前后与匈奴作战七十多次，常常出奇制胜。匈奴人对李广既害怕又敬佩，都称他为“飞将军”。

由于战功赫赫，他很快就升为上郡太守。有一次，匈奴人大举入侵上郡，来抢当地所产的良种马，并且杀死汉军一千多人。李广当时奉命追击匈奴，正在急行军中，忽然发现前面有三个匈奴人，这三个人原本都是神箭手，故意留在大部队后面压阵的。

李广马上命令手下隐蔽起来，继续跟踪，他自己则从小路绕过去，很快到了三个匈奴兵的前面。突然他大喝一声：“哪里逃！看箭！”

话还没说完，利箭已经射出，“嗖，嗖！”那三个人还没搞清是怎么回事，就两死一伤，侥幸活下来的那个也被俘虏了。

李广下令继续追击，不久，果然遇上了匈奴人的大部人马。李广的部下慌了，而这时匈奴人也发现了他们，正在往两边山上拉

开阵势，想包抄打击李广这一队人马。

最初，匈奴人以为李广他们是故意来诱敌的，不敢轻举妄动。就在手下人想往后撤的时候，李广心生一计，“为什么不将计就计呢？”于是，李广对手下人说：“我们离自己的大部队有几十里远，如果现在逃跑的话，匈奴人一追击，我们人又少，马上就会全军覆没！而我们不走，他们反而会认为我们是来故意引蛇出洞的，他们肯定不敢轻举妄动。因此我们反而还安全些。”因此他下令说：“继续前进！”

到了离敌人营寨还有十里路的地方，李广更是命令全体手下卸掉马鞍。手下人都着急地说：“敌人这么多，如果我们卸下了马鞍，万一情况紧急，敌人真的发动进攻，怎么办呢？”李广说：“敌人现在已经以为我们是来诱敌的，如果我们把马鞍卸掉，他们肯定更会以为这是真的了！”

果然不出所料，匈奴人始终不敢动手。后来有个匈奴将领非常气愤，认为李广是藐视他们，便杀出营来。李广马上上马迎敌，只见他张弓搭箭，一箭就射中了那个人的心脏。李广从容回到手下身边，又把马鞍卸掉了。

这时，天色已近黄昏，敌人感到奇怪，摸不清李广的底子，越想越不对劲。于是，半夜的时候偷偷地把军队都撤走了。

李广不费一兵一卒，竟然吓跑了匈奴几万大军，这需要多大的勇气和智慧啊！

后来，匈奴人又派大队人马入侵。李广匆忙率兵抵御，由于准备不足，双方力量又过于悬殊，所以这一次汉军失利，李广被俘。匈奴单于早就听说李广厉害，就下令不要杀死他，让他活着，以便为匈奴服务。因此，匈奴兵行军时就把李广放在两匹马之间张的一张网上，当时李广受了重伤，敌人以为李广跑不了，防备很松懈。李广继续装死，走了几里路以后，他偷偷地睁开眼，看到旁边的匈奴兵骑着一匹好马，心里一阵狂喜。只见他以迅雷不及掩耳之势，腾身跃上那匹马，夺过匈奴兵的弓箭，一把将匈奴兵推下马去，然后举起马鞭，猛抽几下，战马像离弦的箭一样飞奔而去。几百个匈奴兵在后面穷追不舍，李广拿出弓箭，一箭一个，射得匈奴兵人仰马翻。

从此以后，李广的名气传遍了边塞内外，匈奴人更是一听到他的名字就害怕三分，李广也因此被后来的诗人写进了诗篇中而广为传颂——“但使龙城飞将在，不教胡马度阴山！”

《汉书·李广传》

本篇成语解释：

1.【出奇制胜】奇：奇兵，从敌人意想不到的地方突然出现的军队；制胜：取胜。原意是说，奇计与奇兵互相配合，变化运用，使敌人没法估计。现在也指用别人意想不到的策略来取胜。

2.【轻举妄动】轻：轻率；妄：胡乱。不经慎重考虑，轻率地采取行动。

3.【不出所料】表示早就预料到了。

4.【迅雷不及掩耳】突然响起的雷声使人来不及捂耳朵，比喻来势迅猛，使人来不及防备。

“不入虎穴，焉得虎子”，是创造机会的最佳写照。想创造机会，却不想冒风险，那是不可能的。勇于创造机会的人清楚知道风险在所难免，但他们充满自信，在风险中争取事业的成功。

刘秀昆阳突重围

刘秀(公元前6年——57年),字文叔,南阳蔡阳(今湖北枣阳)人。东汉王朝的建立者,又称“光武帝”。性情刚毅,慷慨大方,广交天下豪杰。

刘秀九岁时,父母就都去世了,他由叔父带大。刘秀身材高大,脸方额宽。有一次一个算命先生碰到他,说他以后是当皇帝的料,刘秀也不在意,以为是开玩笑而已。刘秀懂事很早,做事勤奋肯干,为人豪爽。当时正是西汉末年,王莽乘机夺取了西汉的政权,刘秀经常愤愤不平,暗下决心要恢复刘家的天下,即使倾家荡产,也在所不惜。

王莽上台以后,百姓的生活没有改善,反而更苦了。有一年,发生天灾,蝗虫成群,把粮食全吃光了,天下大乱,一场轰轰烈烈的反对王莽的农民大起义很快就爆发了。

在起义队伍中,有一支绿林军,它以绿林山(今湖北当阳县东北)为根据地,不断打败王莽的军队,声势一天天壮大起来,刘秀也参加了这支军队。

绿林军很快攻下了昆阳(今河南叶县北)、定陵(今河

南舞阳北)等地，王莽心急如焚，连忙派王邑、王寻两个大将，调集军队，前往镇压。

王邑、王寻找来了几十个精通兵法的人作参谋，又找来了一个巨无霸当将领，还训练了一群猛兽如虎、豹、犀牛、象等野兽上阵助威。他们聚集了四十万人的大军，号称一百万，浩浩荡荡地向昆阳杀来。

那时，昆阳城内只有几千人，根本不是敌人的对手。有的人害怕了，主张放弃昆阳，往后撤退。刘秀却极力反对这样做，他说："现在我们兵不多，粮又少，敌人却非常强大，如果拼全力抵抗，或者还可能守住。如果分散撤走，一定会被敌人各个击破。而且如今宛城(今河南南阳)还没有打下来，正在紧要关头，要是昆阳一失，我们的各路人马全部要完蛋的！"

正当他们在商议怎样守城时，有人报告敌军已到了昆阳城北。从城上望去，敌人人多势众，从头看不到尾。各位将领赶快问刘秀："你要大家守城，究竟该怎么守呢？"刘秀说："你们坚守城地，我和李佚将军带领十一个骑兵，出城去调集救兵。"说完，马上带领骑兵，冲出南门走了。

敌军把昆阳城围得水泄不通，用各种办法攻城。他们挖掘地道，用冲车撞击城门，还用弓箭不断地射击，箭射得像雨点一样密集。城内的士兵去打水喝的话，背上不得不背一块木板，否则就会中箭。情况越来越危急，城里人开始惊慌了，不停地看救兵到了没有。

刘秀飞快地赶到郾城和定陵，搬来了救兵，接着马不停蹄，就往回赶，他亲自带了一千多步兵和骑兵做先锋、打头阵。

在离昆阳城四、五里远的地方，他们和敌军就拉开了阵势。刘秀身先士卒，一路冲锋在前，杀敌无数，敌人仓皇逃命。起义军一开头就打了个胜仗，士气高涨。随后，刘秀又带领三千多人组成的敢死队，赶到昆阳城西，向王邑、王寻的主力部队进攻。

昆阳城内的起义军见城外援兵来了，也一齐杀出城来，内外夹攻，喊杀声震天动地。敌人一下子大乱，四散奔逃，互相践踏，死伤不计其数，到处是敌军的尸体。正在这时，天上下起了大雨，雷鸣电闪，那些来助阵的虎、豹等动物，也被吓得发抖，到处逃窜，又踩死了不少敌人。就这样，从中午一直战到傍晚，敌人的四十万大军几乎全军覆没了。

昆阳大战以后，绿林军乘胜直捣长安，不久就推翻了王莽的统治。刘秀也真的当上了皇帝。

《后汉书·光武帝本纪》

本篇成语解释：

1.【愤愤不平】心中不服，为之十分气恼。
2.【倾家荡产】把全部家产弄得精光。
3.【心急如焚】心里急得像着了火一样。形容极其焦灼的心情。
4.【水泄不通】连水都流不出去。形容非常拥挤或严密包围。

智和勇两者之间是相互依存、相互作用的一个共同体，谁也离不开谁。智只有通过勇才能体现自己的价值并实现其价值；勇也只有依托于智、靠智的统领才能体现自身价值。因此，两者之间缺一不可，也就是说彼此之间都需要对方的支持才能体现自身价值和对方价值。

勇气是人类最重要的一种特质，倘若有了勇气，人类其的特质自然也就具备了。——丘吉尔

张辽威震逍遥津

张辽(公元169年——222年),字文远,雁门马邑(今山西朔县)人。三国时曹操部将,武力过人,屡有战功。官至征东将军。

赤壁之战以后，曹操的军队退回了北方。曹操认为淮南这条防线非常重要,就派大将张辽、李典、乐进等人,带领七千人马,驻守合肥。

后来，曹操出兵汉中。他估计吴国的孙权肯定会出兵攻打合肥,于是在临出发以前,他特地留下一封密信,信封上写着“敌至方发”(意思是等到敌人到了以后才能打开信封)。

不久,孙权果然带着十万人马,前来围攻合肥,城里的人人心惶惶。张辽等急忙拆开密信，看曹操留下什么妙计。只见信封上写着:如果孙权的军队到来,张、李二将军出战,乐将军留下守城,千万不得出战!

为什么曹操要这么安排呢？因为曹操知道乐进善守，而张辽、李典作战勇猛，他们二人出击的话，肯定能挫败敌人的锐气，完成任务。同时，曹操也知道，这三个人向来不是很团结，他担心这三人同孙权作战时意见不一致，而坏大事，所以留下密信，亲自作了布置。

大家看了信，都疑惑不解。只有张辽很快领会了曹操的用意。他说："曹公远征在外，来不及赶回来援助。他担心等到他的援兵赶到时，合肥已被敌人攻破了。因为敌人有十万人，我们只有七千人。所以，曹公在信中告诉我们，要在敌人还没有完成包围时，先主动出击，把他们的锐气压下去，安定人心，然后就可以守住城了。成败就在这一仗，大家还有什么疑惑的呢？"

李典马上响应，说："这是国家大事，我怎么会为私人的成见而不顾国事呢？我愿意跟随张将军出战。"

于是，张辽连夜选拔了八百名壮士，准备第二天大战一场。

第二天一早，张辽和李典率领这八百名壮士，发动攻击。张辽英勇无比，只见他披甲持戟，一马当先，口中高呼"张辽来了！"冲入敌阵，一下子杀死数十人，还斩杀了两员吴军将领。

孙权大惊失色，连忙逃到一个高土坡上，部下将士用长戟护卫着他，张辽在下面大声叫战。

孙权起初不敢动，后来看到张辽的士兵不多，就命令军队把张辽他们围住。

张辽哪里会怕，他在孙权军队的重重包围中，左冲右突，反复冲杀。这一仗，双方从早上一直杀到中午，

困难只能吓倒懒汉懦夫，而胜利永远属于攀登高峰的人们。——茅以升

吴军锐气大减。然后张辽和李典回城继续守卫合肥。城中人见张辽打了胜仗，都安下心来，曹军众将也很佩服张辽。

孙权把合肥围困了十几天，无法攻下，只得撤退。张辽觉得这是个好的战机，正好可以利用吴军撤退时乘势追击，于是带领一队精壮骑兵，悄悄地追击。

在逍遥津渡口附近，他们追到了孙权的军队。当时，孙权的大部分军队已过了逍遥津，只有孙权和其他几个将领还在逍遥津以北。

俗话说："逃兵易打。"张辽看到敌人就在前面不远，快马加鞭，冲在最前面，大喝一声："哪里逃！"眨眼间就到了孙权这支队伍跟前，他一阵砍杀，一下子杀死七、八个吴兵，眼看就要捉住孙权了。不料突然有人放冷箭，张辽措手不及，只得避开，于是孙权得以抓住这个空隙上了一条船，仓皇逃跑。

这一仗，张辽杀得吴军人人害怕，据说，当时，只要提到魏将张辽的名字，东吴的儿童夜里都吓得不敢啼哭。

《三国志·张辽传》

本篇成语解释：

1.【大惊失色】形容非常惊恐，吓得变了脸色。

2.【快马加鞭】给快跑的马再抽几鞭，便它跑得更快。形容快上加快，疾驰飞奔。

3.【措手不及】临时来不及应付。

荀灌突围搬救兵

荀灌，生卒年不详。西晋时期官员荀崧的女儿，勇敢机智，少年有为。

荀崧有个女儿，叫荀灌。她从小就喜欢骑马射箭，舞刀弄枪，一直跟随父亲在军营中生活。这时她虽然只有十三岁，但已经是一个相当有本事的小英雄了。她看到没有人敢去送信，就挺身而出。

荀崧知道女儿勇敢又机智，但她毕竟太小了，做父亲的怎么能放心让她去呢？

“你不能去，这太危险了！”他对女儿说。

荀灌慷慨激昂地说：“父亲，现在全体将士都在拼死守城，我却没有什么贡献，我也想为国立功，让我去吧！”

“这……”荀崧犹豫了一阵，又问，“你怎么突围呢？”

荀灌说：“刚才孩儿上城察看，发现东南角上叛军不多。父亲您可以在城上竖起降旗，诈言明天一早出城投降，敌人肯定放松戒备。这样的话，孩儿等天一黑，就可以从东南角突围而出！”

荀崧看女儿说的有理，又暂时没有更好的人选，只好答应让她去送信。他手下的将士，见荀灌小小年纪，都这样勇敢，很受感动，也纷纷报名，要求陪同前往。

于是，荀灌就挑选了几十名勇士，组成了突击队。当天夜里，她率领这支队伍，骑上快马，突然冲出城门，敌人还没反应过来，他们已冲出两里多了。敌人赶忙抽调兵力，紧紧追赶。荀灌从容不迫，指挥将士，边战边走。在他们前面有座密林，他们躲进林中，由于天黑，树木又多，敌人不敢贸然进入，退了回去。

于是，他们一路快马加鞭，终于在天亮以前赶到了襄城。

石览看完荀灌父亲的求援信，苦笑了一下，说："我这里的兵自己守城还不够，哪里还能去援救宛城呢？"

荀灌一听，大声说："我父亲要不是万分危急，也不会让我来的。您既然不肯发兵，就不要怪我的鲜血沾污了您的锦袍。我只恨不能救出宛城了！"说完，就要拔剑自杀。

石览急忙阻止，说："刚才我不过想试试你而已，荀将军有难，我怎么会见死救呢！我立刻就发兵！"

为了请到更多的援兵，荀灌又用父亲荀崧的名义写了一封信，派人送到梁州守将周访那里请求援助，周访马上派儿子

周抚带了几千人马，会同石览的军队，一起前往宛城解围。

很快，荀灌同援军一起杀回宛城，她一马当先，奋力冲杀。守军与援军内外夹击，终于打败了杜曾的军队，解了宛城之围。

后来，周访才知道请援兵的小将原来是荀崧的女儿，大吃一惊，钦佩不已。

荀灌搬救兵的事顿时传为美谈，受到人民的称赞。

《晋书·荀崧传》

本篇成语解释：

1.【危在旦夕】旦夕：早上和晚上，指很短时间之内。危险就在眼前。

2.【挺身而出】形容遇到危难时，勇敢地站出来，担当其任。

英勇是一种力量，但不是腿部和臂部的力量，而是心灵和灵魂的力量。——佚名

周处改过成新人

周处(公元240年——299年),字子隐,义兴阳羡(今江苏宜兴)人。西晋官吏。膂力过人,励志好学,志存义烈,才量高出。官至御史中丞。

周处的父亲是东吴的一位名将,由于他母亲在他很小的时候就死了,而他父亲公务繁忙,没时间管教他,他慢慢地就学坏了。

周处不喜欢读书,只喜欢舞枪弄棒,打架逞强。一晃数年过去了,周处成了一个身强力壮的小伙子。他仗着自己体力过人,武艺高强,在乡间不务正业,横行霸道。乡亲们对他又怕又恨,把他当作一个大祸害。

当时,在他家乡的南山里有一只吊睛白额老虎,在一条河里有一条凶恶的蛟龙,它们经常出来伤害当地老百姓,弄得人心惶惶。

人们都抱怨说:"这日子怎么过呀?山中有老虎、河里有蛟龙,地上还有一个周处,真是'三害'啊!"

人们一看到周处,就都避开他,还表现出厌恶的神色。

最初,周处对这些颇不以为然,他照样我行我素。但是随着

年龄的增长，特别是面对着乡亲们越来越强烈的仇视的目光，他开始清醒过来。

有一次，周处偶然听见别人把他与白额虎、蛟龙并列在一起，称作“三害”，而且还把他作为其中最大的“一害”，他大为吃惊，原来人们对自己的憎恨甚至超过了那吃人的蛟龙和老虎！

于是周处暗暗下定决心，一定要杀虎斩蛟，为乡亲们除害，让乡亲们彻底改变对自己的看法。第二天，他把大刀磨得雪亮，又把弓箭背在身上，就上南山去寻找害人的老虎。他翻过了几个小山岗，都没有看到老虎的踪影，便想回去等明天再来找。

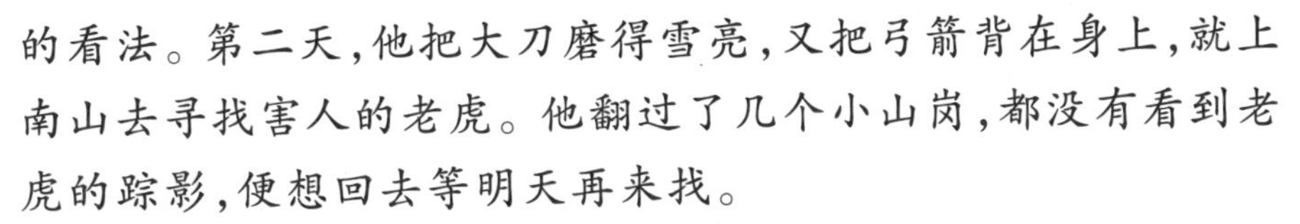

就在这时，他看见远处的半山腰上，有一只大老虎正躺在洞口懒洋洋地晒太阳。他偷偷地向老虎靠近，估计距离在弓箭的射程范围内了，他猛地拔出弓箭，张满弓，“嗖”的一声，飞箭正中老虎的前额，白额虎怪叫着，挣扎了一会儿就断了气。

很顺利地除了一害，周处十分高兴。但他没有急着告诉乡亲们，他想等把蛟龙也杀死以后，再来向乡亲们报喜。

在打听好了蛟龙经常出没的地点以后，周处又出发了。这一天，周处来到一座桥上，隐约看到一条蛟龙正翻滚着顺水而下，把整条河水都搅浑了。

周处屏住气，等到蛟龙到了桥下，他看准时机，猛地把剑掷下去，然后跳到河中。那剑正刺中蛟龙的头部，蛟龙疼痛难忍，在河中挣扎，还想来咬周处。

只见周处一下子跳到蛟龙脖颈上，紧紧抱住龙身，把剑拔出来，又是几剑，直砍得蛟龙鲜血喷涌，刹时间，河水变得通红。

蛟龙开始逃跑，它甩下周处，时而浮出水面，时而沉入水底，但周处却丝毫不放松，他紧追不舍，时不时刺它几剑。

就这样，周处随蛟龙一起漂游了好几十里路，整整搏斗了三天三夜，才终于杀死了蛟龙。

乡亲们听到周处去杀蛟龙已经三天三夜还没有返回，都以为周处给蛟龙吃掉了。他们奔走相告，饮酒庆贺。恰巧这时，周处回到了乡里，见到此情此景，他羞愧难当，更立志痛改前非，重新做人。

从此以后，他就像变了一个人，处处为人们做好事，很快获得了人们的称赞。

周处勇于改过自新的故事，从古到今，教育着一代又一代人。

《晋书》

本篇成语解释：

1.【不务正业】务：从事。不干正当的工作。现多指丢下本职工作不做，去搞其他的事情。

2.【不以为然】不认为是对的。表示不同意。

3.【我行我素】按照自己的意愿自行其事。

4.【奔走相告】奔跑着互相转告。指把重要的消息互相传开。

老和尚万里取经

法显(公元335年——420年),平阳武阳(今山西襄垣)人。东晋名僧。为求真经,矢志不渝。

大家可能都看过或者听说过《西游记》,对去西天(今天的印度,当时又叫天竺)取经的唐僧比较熟悉。唐僧本名叫玄奘,他是唐朝的一个和尚;但是,大家可能不知道,比玄奘大约早二百多年,有一位和尚也到过西天取经。他是谁呢?

他就是东晋的著名僧人法显。

法显本姓龚,他的父母都信仰佛教,受父母的影响,他很小就对佛教有浓厚的兴趣。三岁那年,父母干脆把他送到寺庙当了一个小和尚。长大以后,他认真钻研佛经,成了一个虔诚、博学的佛教徒。

当时,佛教虽然早已经传入了中国,但是,还有不少佛教经书没有传过来,法显在平时的钻研过程中,常常发现一些问题搞不清楚,非常模糊。他认为主要是因为没有得到真正的佛教经书。有些问题,他向别人请教,别人也答不上来,他感到很苦恼。

一天,他同几个有学问的老和尚又谈起这件事。法显说:"我一直想到天竺去求经,到了那里,就能读到更多的经书,把不懂的问题搞清楚,而且还可以借机会瞻仰圣地。我今年六十五岁了，再不去的话，就来不及了，以后走都走不动了！”

旁边的和尚听了十分感动，都说：“你这么大年纪，还想去天竺求经，我们就更应该去了！”经过仔细的商量，他们决定结伴同行。第二年春天，他们一行人从长安出发，踏上了漫长而艰苦的征途。

不久，他们出了阳关，来到了有名的白龙堆大沙漠。那里到处是滚滚的流沙，稍不注意，就可能被流沙淹没。天空中看不到一只鸟，地面上看不到一头野兽，人在沙漠中，根本分不清东西南北，只能靠一些死人的骨头来辨认道路。他们冒着巨大的风险，足足走了十七天，好不容易闯过了这道难关。

十几天以后，他们面前又横立着一座更大更危险的沙漠，这就是塔克拉玛干沙漠，人们称之为“死亡之海”。在这个沙漠里，他们遇到了更大的危险。

他们走着走着，忽然有一天遇上了沙漠里的热风暴，把大家冲散了，而且都迷了路。他们各自在沙漠里转来转去，几天后，竟然又走到了一块，但是却有两个人失踪了。再一看，走了几天，他们又回到了原来遇上风暴的地方。

沙漠里几乎没有水源，带的水比金子还贵，不到实在忍不住的时候，谁也不肯喝一口，干粮也越吃越少。

九死一生之后，他们穿过了塔克拉玛干沙漠，接着又越过了尽是高山峻岭、悬崖峭壁的葱岭地带。就这样，两年以后，他们经过长途跋涉，终于到达了天竺。

法显在天竺访问了不少寺庙和佛教圣地，结交了当地许多友人。他花了整整三年时间，学习梵文(古印度的语言文字)

什么是路？就是从没路的地方践踏出来的，从只有荆棘的地方开辟出来的。——鲁迅

和佛经。又花了两年时间抄写佛经，准备把它们带回国内。后来，他搭别人的商船从海上历经千辛万苦终于回到了祖国。

回国以后，他未作休息，一心想着把带回来的佛经翻译成汉文。几年以后，他成就显著，译出了很多梵文佛经，对佛经界作出了重要的贡献。他写的一本记述旅行中见闻的书，也成为了后来人们研究印度、斯里兰卡等国古代历史的重要资料。

《晋书》

本篇成语解释：

1.【九死一生】形容处境极端危险或多次经历极大的危险而幸存。

2.【悬崖峭壁】悬崖：高峻的山崖。峭壁：陡峭的石壁。形容山势险峻。

3.【千辛万苦】极多极大的艰难辛苦。

世界上最富有的人是跌倒次数最多的人，世界上最勇敢的人是每次跌倒都能够爬起来的人，抱着心中那个梦勇敢坚持下去，不为别的，只为在今后不有愧于自己。

少年巾帼冼夫人

冼夫人(公元512年——602年),又称为谯国夫人。广东高凉(今广东阳江)人。南朝至隋初岭南少数民族女首领。多智谋,善用兵。

谁说女孩子当中没有英雄?像冼夫人这样的奇女子,就是一个生动的例子。

冼夫人是高凉人,她家世世代代都是越族的首领。冼夫人从小就贤惠懂事,并没有大家闺秀的娇骄之气。她很聪明,能想出很多好主意,而且对行军打仗之类的事也很熟悉。她常常劝邻居之间和平相处,并因此以信义被当地人称颂不已。

冼夫人生活在中国历史上的动荡时期,一生经历了梁、陈、隋三个朝代。虽然朝代变更,但她始终反对民族分裂,勇敢地维护国家的统一。

长大以后,她嫁给了高凉太守冯宝。她帮助丈夫推行各种有利于各民族和睦相处、发展生产的措施,使高凉地区呈现出一片安宁稳定的局面。她处理问题时公正无私,毫不讲私情。有一次,她的一个亲戚犯了法,她敦促丈夫严格按法律办事,即使有人求情也无济于事。正因为如此年轻有为,她赢得了“少年巾帼”的美名。

当时中原地区连年作战,政治很不稳定,高州(今广东一带)刺史李迁仕想趁机脱离中央政府,建立割

据政权。他怕兵力不够，就派人来请冯宝，说是商量一件事情，其实是想骗冯宝一起叛乱。

冯宝不明真相，准备去会见李迁仕。冼夫人果断地制止丈夫说：“按照规定，刺史没有事情的话，是不应该随便与太守会面的，这次他请你去，肯定没安好心，他是想挟持你一起反叛，你去不得。”

冯宝问她：“你怎么知道？”她说：“刺史李迁仕前不久被命令去援救台湾，他假装有病没有去，而秘密地在铸造武器，招募兵马。现在又派人来请你，其中肯定有阴谋。你如果真去的话，他一定会以你为人质，逼迫你一起起兵，这个意图难道你看不出来吗？希望你不要去，看看形势再说。”

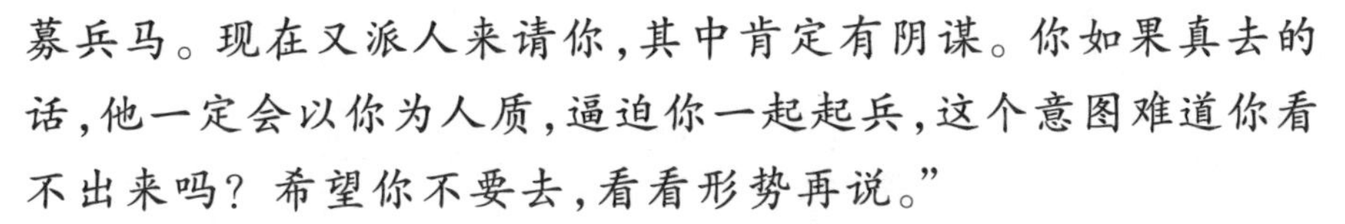

不久以后，李迁仕果然造反，冯宝听到消息后，佩服夫人的眼力，并马上告诉了她这件事。

冯宝很是担心，怕李迁仕来报复他，非常着急，一时想不出好的办法，就向夫人请教。冼夫人对丈夫说：“他们现在暂时很强大，如果我们硬着头皮抵抗，肯定会吃亏的。不如先假装投降，带着厚重的礼物去向他请罪，他肯定就会防备松懈，我们再乘机进攻，就可以取胜。你在城中带兵防守，我先去假装投降好了。”

经过周密的计划和充分的准备之后，她就率领着一千多名士兵，挑着许多礼物假装给李迁仕送礼。李迁仕做梦也想不到这会是一个圈套，况且冼夫人是一个女流之辈，他料定也不会有假，便客客气气地把冼夫人一队人马让进城里。

进了城以后，冼夫人带去的一千多士兵像变戏法一样，从礼品盒里、箩筐里取出武器，突然发动袭击。李迁仕毫无思想准备，匆忙召集士兵还击，但已经迟了。冼夫人带去的士兵个个英勇无比，很快把李迁仕打得大败。李迁仕分裂国家、独霸一方的美梦眨眼间破灭了。

冼夫人七十多岁那年，又有人叛乱。她不顾年岁已高，亲自披坚执锐，带兵讨伐，最后平息了叛乱。当时的皇帝为了表彰她，封她为“谯国夫人”。

想想看，一个女子，亲自带兵到敌人营中去诈降，需要多么大的勇气和机智。一般人做不到，但冼夫人就做得到，而且大胜而归！

《隋书》

本篇成语解释：

1.【公正无私】做事公正，没有私心。

2.【无济于事】对事情没有帮助。

3.【披坚执锐】坚：坚固的护身衣；锐：指兵器。穿上坚固的战衣，拿起锋利的武器。

殷秀实只身闯营

殷秀实(公元719年——783年),字成公,陇州褸阳(今陕西千阳)人。唐朝官员。沈厚能断,有济世大志。官至泾州刺史,死后追认太尉。

殷秀实很小时就有远大的志向，要为国家建功立业。后来参军，因为有勇有谋，被上级器重，升为兵马使。几年以后又升为泾州刺史。

当时唐朝为了加强边防,抵御外族的入侵,派名将郭子仪的儿子郭晞带兵驻守邠州。但是郭仗着父亲郭子仪声望很高,为朝廷立过大功，非常骄傲，对部下约束不严，因此部队纪律松散，士兵横行街市，为非作歹，百姓们怨声载道。

殷秀实知道这一情况后，义愤填膺，立即赶到邠州，责问邠州刺史白孝德为什么对此不闻不问。白孝德苦笑着回答:“我实在是不好办啊！郭子仪将军声名显赫，又是我的上司，我怎么能不顾情面,追究他儿子的责任呢？”

殷秀实说：“皇上派您来管理邠州，您怎么能撤手不管呢！不管怎么样，我决不能看着百姓遭殃，更不能让边疆的防务废在这伙人手中！您能不能让我来惩治他们？”白孝德见他主动提出，就授权让他负责当地的治安。

几天以后，郭的十几名士兵又到街上闹事了。他们耀武扬威地闯进一家酒店，径直动手搬酒坛，店主刚想阻止，就被他们一刀刺死。喝完酒以后，他们还觉得不过瘾，又把店里的酒柜桌椅砸得稀烂，把没喝的酒坛都砸得粉碎，酒水流得满地都是。

恰巧这一切被外出视察的殷秀实都看在眼里，等这伙人吹着口哨，正准备扬长而去时，殷秀实大喝一声："站住！"随即命令手下的一队人马，把歹徒们一个个捉住捆好，然后将他们带到一个热闹的地方，当众斩首。百姓们见了人人拍手称快，都说是罪有应得。

消息很快传到郭晞的军营，顿时掀起轩然大波。士兵们都红了眼，有人说："这还了得，竟敢动郭家的人！"也有人说："姓殷的这小子算老几？胆子也太大了！"甚至有人说："拼了！咱们找殷秀实算账去！"他们纷纷穿上盔甲，手持兵器，声称要为死去的同伴报仇。

白孝德闻讯害怕极了，慌忙问殷秀实怎么办？

殷秀实镇静地对白孝德说："您别急，我亲自找郭评理去！"有人慌忙劝阻说："去不得呀！您这一去，说不定还没见到郭，就先被士兵们干掉了。凶多吉少啊！"殷实秀说："我一人做事一人当，看他们能把我怎么样？"说完干脆解下佩刀，一个人骑着马，往郭营中走去。

郭的士兵听说他来了，个个杀气腾腾地冲出营房，把他挡在了军营门口。殷秀实从容地笑着说："对付我这么一个赤手空空的人，还用得着这么大的架势吗？我可是只带了脑袋来

在全部的美德之中，最强大、最慷慨、最自豪的，是真正的勇敢。——蒙田

的。”说完一把推开面前的士兵，昂首阔步地往里面走。那些士兵见殷秀实赤手空拳，但仍然神态自若，都被镇住了。

殷秀实见到郭晞后，从国家利益、郭元帅的英名及人心向背等方面，严肃耐心地劝郭晞要从严治军，维护好郭家良好的名声。郭晞听了，觉得句句在理，当即下令，今后再有故意惹事，伤害百姓的，一律严惩！

从此，邠州地区的社会秩序安定下来，郭家的军队也越整越好，后来为抗击异族入侵立下了新功。

《唐书》（卷一五三）

本篇成语解释：

1.【怨声载道】载：充满。怨恨的声音充满道路。形容人民的强烈不满。

2.【义愤填膺】膺：胸。正义的愤怒充满胸中。形容满腔愤怒。

3.【不闻不问】闻：听。不听也不问有关事情的情况。形容对有关的事情不关心，不过问。

4.【耀武扬威】炫耀武力，显示威力。

5.【轩然大波】轩然：波涛高高涌起的样子。比喻大的纠纷或风潮。

颜真卿宁死不屈

颜真卿(公元709年——785年),字清臣,京兆万年(今陕西西安)人。唐朝大臣,书法家,史称“颜鲁公”。博学广闻,事亲至孝。开创书法新风格“颜体”。官至殿中侍御史。

颜真卿为人忠直,办事公正,说话不留情面,因此经常受到奸臣的排挤陷害。由于他早年在平息安禄山叛乱中立了大功,被封为“鲁公”,成了朝廷中很有威望的大臣。

后来,淮宁节度使李希烈发动叛乱,出兵攻占了汝州(今河南临汝),一直打到了洛阳。皇帝非常震惊,马上召集大臣们商议对策。这时的宰相是奸臣卢杞,他和颜真卿有私怨,他决定利用这个机会陷害颜真卿。于是他对皇帝说:“李希烈虽然气势汹汹,非常傲慢,但去劝导一番,也许可以不用一兵一卒就把叛乱平息。颜真卿是三朝老臣,忠直刚烈,声名远扬,全国都信任他,我认为只有颜真卿可以担当这个重任。”

皇帝急着要平叛,立刻下令颜真卿前去。有人认为很危险,就劝颜真卿不要去。颜真卿说:“这是皇上的命令,怎么能违抗呢?”

李希烈听说朝廷派颜真卿前来，决计先吓住他。他派一千多人埋伏在房子两侧，颜真卿一进来，这些人就一拥而上，拿着雪亮的钢刀，声称要杀了他，吃他的肉。颜真卿站在那里，大义凛然，脸上丝毫没有惧怕的神色。

李希烈见这一招不行，就想来软的。他随后大摆宴席，同时在宴会中，命令一些艺人演出一些辱骂朝廷的戏。颜真卿气得要命，立起身来，满面怒火地质问李希烈说：“你也是朝廷的臣子，为什么让他们演这些东西！”李希烈讲不出理由，非常尴尬，只得下令停止演出。他又派投降他的唐朝将领劝说颜真卿。

那些人对颜真卿说：“李将军仰慕您的威名已久，他现在要称帝，正需要一名宰相，这个职位非您莫属！”颜真卿大声骂道：“你们听说过颜杲卿吗？他就是我的堂兄。当年安禄山造反，他第一个起兵讨伐。后来虽然被俘，但临死前一直骂贼不止。我现在也快八十岁了，我只想保持我的节气，完成皇上交给我的使命，岂能受你们的诱惑！”那些叛将个个被骂得哑口无言。

李希烈对颜真卿毫无办法，就把他围起来，并派手下在院子里挖了个大坑，说要活埋他。颜真卿脸不改色心不跳，对李希烈说：“我的生死全部掌握在你手中，要杀就杀，何必玩那么多花样？我只希望别折磨我，一刀把我杀了吧！”

一个人面对正当之事物，从正当的时机，而且在这种相应条件下感到自信，他就是一个勇敢的人。——亚里士多德

李希烈仍然不甘心，他又想出一个更恶毒的办法，在院子里堆满了草，并浇上了油，点了火，威胁说：“你要是再不屈服，我就活活烧死你！”颜真卿大步走上前，准备往火里跳。

他们没想到颜真卿真敢往火里跳，急忙上前阻止。

李希烈想尽了办法，还是没能使颜真卿屈服。最后，他决定杀害颜真卿。他派了几个亲信，冒充朝廷使者，对颜真卿说："奉御旨，赐颜真卿死。"颜真卿觉得不对头，便问使者从哪儿来，使者随口回答说："我们是从大梁来的。"颜真卿顿时明白了，怒气冲冲地骂道："分明是逆贼，怎么敢说是诏书！"

最后，这位刚强不屈的爱国英雄，被叛贼残酷地绞死了，享年七十六岁。

《唐书》（卷一五三）

本篇成语解释：

1.【大义凛然】大义：正义。凛然：令人敬畏的样子。正义之气，令人敬畏。

2.【哑口无言】无话可说或沉默不语，多形容理屈词穷的样子。

3.【怒气冲冲】冲冲：形容怒气激动的样子。满面怒气，十分激动的样子。

不畏权势拟诏书

李白(公元701年——762年),字太白,号清莲居士。唐朝大诗人,是我国著名的浪漫主义诗人。不畏权贵,才气纵横。

唐代大诗人李白,一生中写了许多著名的诗篇,素有"诗仙"之称。但是,他还是一个为人正直,不畏权势的人。

天宝元年,李白一个人赴京赶考。那时的考官是太师杨国忠,监考官是宦官高力士。这两个人贪赃枉法,谁要是不送厚礼,那么即使有再大的本事,也别想考试合格。但李白偏偏不信这一套,他连一文钱也不送。

考试那天,李白下笔如有神,很快就交了卷,满怀信心地出了考场。杨国忠冷笑着说:"这样的书生,只能给我磨磨墨!"高力士听了,又故意大声补充了一句:"哼!磨墨,他还不够资格呢。我看啊,他顶多只能给我脱靴子!"李白只当没有听到,出了考场。

一年后的一天,有位番国使者来大唐王朝送交国书。但那番书竟然没有一个大臣认得,唐玄宗很是生气,斥责道:"真是白养了你们这些人,连一份

番书都不认得，气死我了！”

唐玄宗下了命令，三天之内，如果没有人认得番书，文武官员一律停发俸禄；六日之内还没有人认得，全部罢官；九日之内仍然没人认得的话，统统问罪！

满朝文武官员这个急啊，都坐立不安，像热锅上的蚂蚁，急得团团转。他们到处打听，但问遍京城，竟没有人认得。后来不知谁听说李白会读番书，这下好了，他们像抓到了救命草，马上派人到处找李白。

李白既是诗仙，又是酒仙，他一喝酒，就会诗兴大发，好的诗作像泉水般涌上来，有人称他是“斗酒诗百篇”。

这时，李白正在一个酒店里开怀畅饮。忽然，几个人将醉意朦胧的他扶上马背，匆匆向皇宫奔去。

到了皇宫以后，唐玄宗命令李白马上读番书，李白二话不说，马上朗读起来。然后他对唐玄宗说：“这个番国要我们割让给它一百七十六个城池，如不答应，他们就要兴兵杀来。”

唐玄宗一听，不由怒火中烧，他当即命令李白起草一份用番文写成的诏书，给那个番国以严厉的警告。桌子马上被摆好了，皇帝又赐了几杯美酒给李白喝，但三杯酒下肚以后，李白仍然迟迟不动笔。

唐玄宗十分不解，忙问：“你平时文思敏捷，今天为什么迟迟不动笔呢？”

李白起身奏明皇上说：“我听说宰相杨国忠很善于磨墨，想请他在此露一手。如果他磨墨的话，我意气才高，才能代皇上起草诏书，又不辱使命！”唐玄宗只急着要对付番

我崇拜勇气、坚忍和信心，因为它们一直助我应付我在尘世生活中所遇到的困境。——但丁

国，哪里顾得许多，马上命令杨国忠给李白磨墨。杨国忠气得要死，但皇上的命令又不能违抗，只得忍气吞声，为李白磨起墨来。

李白提起了笔，恰巧这时，他看见高力士正站在旁边，便把脚向他一伸，说："麻烦帮个忙，帮我把靴脱了。"高力士吃了一惊，心里一百个不情愿，但又怕唐玄宗生气，只得乖乖地帮李白脱下了靴子。

李白见状，微微一笑，提笔一挥而就，很快就把诏书写好了。唐玄宗听李白读了一遍以后，觉得写得很好，当场赏给他许多金帛和御酒。

从此，李白不畏权势，大胆狂放的名气更大了，人们纷纷称赞他，说他不愧是"诗仙"。

《唐书》(卷二二零)

《旧唐书·文苑传》(卷一九零)

本篇成语解释：

1.【贪赃枉法】贪污受贿，违法乱纪。

2.【坐立不安】坐也不是，站也不是。形容心情不安或烦躁的神态。

3.【忍气吞声】忍气：受了气而强自忍耐。吞声：有话不敢说出来。形容因有顾忌，受了气也不敢发作。

4.【一挥而就】一动笔就写成。形容写字、画画、作文等很快就完成。

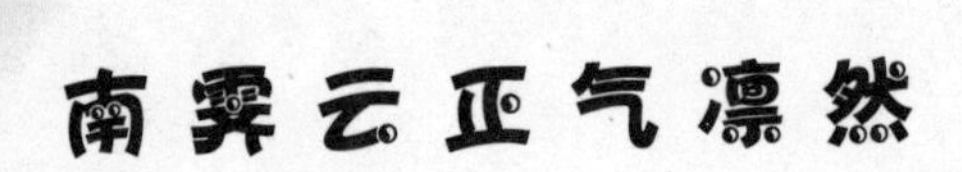

南霁云正气凛然

南霁云（公元712年——757年），魏州顿丘（今河南清丰）人。唐朝著名将领，善于骑射，英勇无畏。

公元757年秋天，睢阳城（今河南商丘）被数以万计的反叛唐朝的军队团团围住。睢阳是富饶的江淮地区的屏障，地理位置非常重要。睢阳太守许远手下只有三千人马，抵挡不住叛军的进攻，就派人向当时著名的将领张巡求救。张巡听说睢阳危急，马上调动三千将士去帮助守城。

张巡手下有一个勇将，叫南霁云，武艺高强，射箭百发百中。

一天，叛军又发动了攻击，南霁云站在城墙上，一箭射去，正中叛军头目的左眼。叛军见头目受了重伤，只得暂时退兵走了。

过了十几天，叛军头目的伤差不多好了，他决心报这一箭之仇，又带领大军前来围攻睢阳。他们仗着人多势众，把睢阳城紧紧包围起来，准备困死城里的军民。

日子一长，城里的粮食吃光了，军队只好用野菜、树皮充饥，每天都有不少人死亡。渐渐地，只剩下一千六百多人了，而且剩下的人也饿得没有力气打仗了。睢阳城随时都有被攻破的危险。

这时，有些将领建议撤退出睢阳城。张巡说：“睢阳一丢，江淮就没有保障了，绝对不能撤！”在紧急关头，南霁云忧心如焚，他建议向附近的唐军求救，并表示愿意亲自突围去请救兵。张巡见没有好的办法，便答应让他去搬救兵。

一天晚上，南霁云带了骑兵三十人，突然冲出城门，经过奋勇拼杀，终于冲出重围。叛军派几千人前来追赶，只见南霁云左右开弓，箭无虚发，他射一箭，敌人便倒下一个，吓得叛军纷纷后退。

他马不停蹄，很快到了河南节度使贺兰进明那里，请求发兵相救。贺兰进明对睢阳的紧急情况早就耳闻了，但他一直嫉妒张巡，不愿派兵解救睢阳之危。他说：“睢阳陷落，已经是眨眼间的事了，再出兵相救，已经没有用处了”。

南霁云说：“睢阳还没有陷落，如果你肯派救兵，肯定还有救，到时候我一定以死答谢你。”贺兰进明听了以后，根本无动于衷，可他嘴上却说：“这么要紧的事，我是会帮的，别急嘛。你一路上辛苦了，来，我们边吃边谈。”他故意拖延时间。

很快，宴席摆好了，南霁云哪有心思吃饭，他痛哭着说：“我来的时候，睢阳城的将士们已经整整一个月没吃上一顿饱饭了。我怎么忍心在这儿独享美食呢？我吃不下呀，我只希望你尽快派兵支援我们！”说完拔出佩刀，一刀把自己的手指砍了下来，说：“我发誓与睢阳城共存亡，这截手指就是凭证！”座中的人见状，都感动得流下了眼泪，但贺兰进明仍然一言不发，没有派援兵的意思。南霁云只得离开座位，一口饭也没有吃，上马走了。

南霁云来到城门口的时候，抽出一支箭，朝城中一座寺庙的佛塔射去，一箭中了佛塔，他愤怒地说：“箭啊，请你为我作证，我要是打败了叛军，一定回来收拾贺

勇者创造命运，弱者依赖命运，仁者静观命运，智者改变命运。——佚名

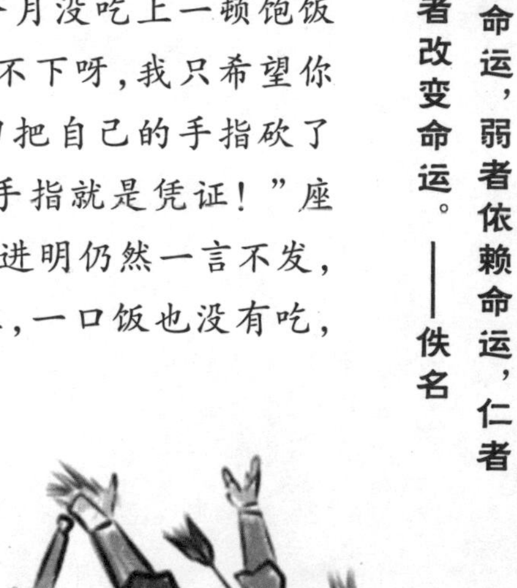

兰进明！”

南霁云回去后不久，内外交困的睢阳最后还是落入了叛军手里。叛军逼南霁云投降，他宁死不屈，一直战斗到壮烈牺牲。

延续十个月之久的睢阳战役，牵制了叛军的主力，为唐军的反攻赢得了宝贵的时间，南霁云的英名和睢阳战役一起，被载入史册，流芳百世。

《新唐书·南霁云传》

本篇成语解释：

1.【百发百中】射一百次，中一百次。形容箭无虚发。亦泛指射击技术高明，每发必中。

2.【人多势众】人多势力大。

3.【无动于衷】衷：亦作“中“，内心。内心毫无触动。

4.【流芳百世】流：流传；芳：香，比喻美名。好的名声永远留传于后世。

不论发生了什么事情，把个人的悲恨藏在微笑底下，继续坚强地活下去，继续接受生命的挑战，这决定我们幸福与成功。我们必须接受、适应那些不可避免的事情。

柳宰相敢说敢为

柳浑(公元715年——789年),字惟深,号夷旷,汝州梁县人。性格奔放旷达,口才好,善属文。为人正直,敢说敢为。官至宰相,死后追赠谥号“贞”。

柳浑从小父母双亡,由叔父抚养成人。十多岁的时候,有一次一个巫师对他叔父说:“这个孩子面相不好,命很贱,要送到寺庙里做和尚才能保住不死。”他叔父当真准备照办。柳浑死活不肯做和尚,因为他想读书,想成就功名,干一番事业,所以他说:“我绝对不去,要逼我的话,我就去死!”他叔父没办法,只得随他去。

这之后,柳浑读书更加发奋,后来考中了进士,做官一直做到宰相。

他从来都是为人正直,敢说敢为,不计较个人的名利和地位。他还非常节俭,据说他做宰相期间,没有自己的官邸,竟然借住在别人的房子里。

当时,唐朝西部的边境非常不安宁,经常遭到少数民族吐蕃的骚扰,而唐德宗不去考虑如何抗敌,却一味沉溺于求和。

对此, 许多大臣都不

敢说什么，怕得罪了皇上。但柳浑却与众不同，凡是他认为皇上做得不对或有损于国家和人民利益的，他都要向皇上提出自己的意见。

生活，造不出时代的伟人。——列别捷夫

平静的湖面，练不出精悍的水手；安逸的

有一天，唐德宗在大殿上宴请朝廷大臣。席间，他对大臣们说：“现在吐蕃已经与我们结了盟约。从今以后，我们边境上将是一派和平宁静的局面了。这真是一件大好事，来，让我们为此干杯！”还有人趁机恭维说：“是的，今天一结盟，可以保证一百年没有忧虑了！”

但柳浑头脑却很清醒，他认为没有这么简单，于是他站起来说：“皇上，我认为还不能高枕无忧。吐蕃人毫无信用，说变就变，他们说的话根本不能相信，所以，以为结了盟就安全了的想法，我觉得还为时过早！”

听了柳浑的话，唐德宗大为震怒。他瞪着双眼，手指着柳浑，大声斥责道：“你书生一个，又不懂军事，怎么能凭主观臆断、胡说八道呢？”大臣们看皇上发火了，都吓得不敢作声。可是柳浑却不畏权势，他坚持己见，并再三提醒说：“千万不要过于乐观！”

说来也巧，就在这天晚上的半夜，突然从边境传来了紧急情报，说吐蕃方面已单方面撕毁了盟约，并对边防前线发起了突然袭击。唐军伤亡惨重，吐蕃军队已兵临城下。

唐德宗一听情报，赶忙从床上爬起来，研究对策。第二天一早，就调兵遣将，派了一支

大军去抵御吐蕃的侵扰。

唐德宗又想起了昨天柳浑讲的话，觉得柳浑真是个人才。他心里想，柳浑是一个文弱书生，却能料知万里之外的边防军事，很有先见之明。从此，他对柳浑特别器重。

然而，这引起了一些朝廷中的奸佞小人的妒忌，其中宰相张延赏特别见不得柳浑比他强，于是他自恃资格老，风言风语地对柳浑说："柳宰相，你也别太得意了，你应该多积积阴德。以后你如果在朝廷上再啰里啰嗦，说不定哪一天你的宰相位置就保不住了！"

柳浑听了，义正言辞地说："谢谢你的关心，但要想封住我的嘴巴，不让我讲真话，是绝对办不到的！"

后来，柳浑还是受到了一伙小人的排挤，但他至死不后悔。因为他觉得，自己这样做，是正确的，光明磊落的，对国家和人民有好处的。

《唐书》（卷一四二）

《旧唐书》（卷一二五）

本篇成语解释：

1.【胡说八道】说话不符合事实，或没有道理，瞎说一阵。

2.【调兵遣将】调动兵马，派遣将领。引申为调用各种人力。

3.【先见之明】明：指眼光，眼力。有预见事物发展的眼力。形容有预见性。

六次东渡为传道

鉴真(公元688年——763年),本姓淳于,扬州江阳(今江苏扬州市)人,唐朝高僧,日本佛教律宗创始人。

在日本奈良市唐招提寺中,有一尊僧人塑像,被尊为日本的一级国宝。这尊塑像已经有一千二百多年的历史,它塑造的就是唐代去日本的中国著名高僧鉴真。

鉴真十四岁就出家做和尚,曾在洛阳、长安等地的寺院里潜心研究佛学,由于学识渊博,品德高尚,因此名望很高。

当时日本人也大力提倡佛教,但他们对佛教还不真正了解,于是他们便派人向唐朝发出邀请,要唐朝派人到日本去弘扬佛法。鉴真见他们一片诚意,就问他的弟子们:"你们谁愿意到日本去传法?"那些弟子都不作声。过了一会儿,一个弟子说:"到日本去,路途遥远,大海茫茫,一路上太危险了!"

鉴真激昂地说:"为了传扬佛法,怎么能害怕危险?即使大海无边,也要努力前往。你们不去,我去!"

弟子们听了,见师父这么坚决,都很感动也纷纷表示决心,要求随师一同前往。这一年,鉴真已经五十五岁了。

当时,唐朝政府严禁人们渡海出国。因此他们只能悄悄地偷渡出国。

第二年,他们作好准备以后,正准备

开船动身，不料突然发生了意外，有个人向官府告密。于是，几个僧人被抓进了监狱，船也被没收了，第一次东渡就这样失败了。

我们所希望和赞美的勇敢不是体面地去死，而是勇敢地去生活。——卡莱尔

不久，鉴真他们又开始了第二次东渡。他们乘船从扬州出发，但不久遇到了风暴，船被撞得支离破碎，没办法，他们只得又一次放弃。

船只修好以后，他们又第三次出海。哪知运气不佳，这一次遇到了更大的风暴，船只触礁沉没了。大家逃到一个海滩上，总算保住了性命，最后被人救了回去。

鉴真没有被困难吓倒，他仍然无畏地组织东渡，第四次失败了，他就来第五次。这一次，他们在海上遇上了狂风巨浪。风越来越大，浪也越来越高。船只在大风大浪中不停地颠簸，一会儿像上了高山，一会儿又好像跌进了谷底。渐渐地，船上的淡水喝光了，大家只好吃生米，实在口干得不行了，就喝一点海水，就这样一直在海里漂流了十四天，好不容易靠岸了，上岸一问，才知道此地根本不是日本，而是中国的海南岛。

祸不单行，就在这时候，鉴真的眼睛得了病，最后竟双目失明了。

但是，一连串的打击，并没有让鉴真气馁。相反，他的决心更加坚定了，他继续准备东渡。

很快他又踏上了第六次征途，可能是天公也被感动了，这一次航行比较顺利，经过两个多月的艰难航行，他们终于到达了日本。东渡终于成功了，真是天公不负有心人啊！可是这时的鉴真已经是六十五岁高龄了。

鉴真前后花了十一年时间，历尽困难，经过五次失败，最后终于在第六次如愿以偿。他到了日本以后，受到了日本人民的热烈欢迎。日本政府特意为他新建了一座寺院——唐招提寺，让鉴真在寺中讲经传法。

鉴真除了宣传佛学以外，还把中国的医学知识、建筑艺术、文学书法等带到了日本，让日本人获益匪浅，日本人对他评价很高。

七十六岁那年，由于鉴真长期辛勤劳碌，忘我工作，因病在日本逝世。日本人民为了纪念他，尊称他为“日本文化的恩人”、“圣僧”等。

鉴真在中日两国人民友好往来和文化交流史上，写下了不可磨灭的、光辉的一页。

《唐大和尚东征传》

本篇成语解释：

1.【支离破碎】支离：残缺不全。形容四分五裂。

2.【如愿以偿】偿：满足。按照自己的愿望实现了。

区寄智勇斗强盗

区寄，唐朝时一个放牛娃。机智勇敢，头脑灵活。

一个小孩子肯定打不过两个大人，但是，在唐朝时却有一个十一岁的放牛娃运用自己的智慧接连杀死两个强盗。

这个放牛娃名叫区寄，他家里很贫穷，以打柴放牛为生。

一天，他正在山坡上放牛，突然从树丛里跳出两个陌生人，手持刀子向他扑来。“你们要干什么？”区寄大声问道。那两个人掏出一根绳子，不由分说就把区寄捆了起来，还把他的口封住，不让他喊出声来。

区寄知道，他是遇上了绑架和贩卖人口的强盗。因为他早就听说一些人在干贩卖人口的罪恶勾当，而且被贩卖的大多数是少年。但是他没想到自己会遇到这种事。

区寄没有惊慌，他在考虑该如何能逃脱强盗的魔掌。他决定先瞒过强盗，然后再找机会逃脱。于是，他故意哭哭啼啼，装出很害怕的样子。强盗以为他是真的胆子小，就放松了对他的警惕。

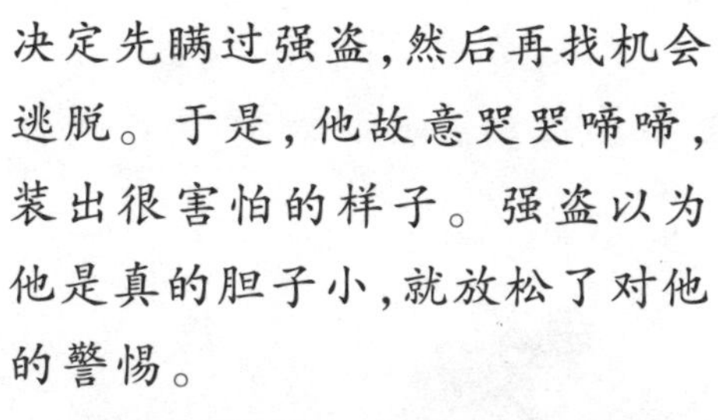

走了不久，强盗在路旁坐下休息，让区寄站在一边，还说：

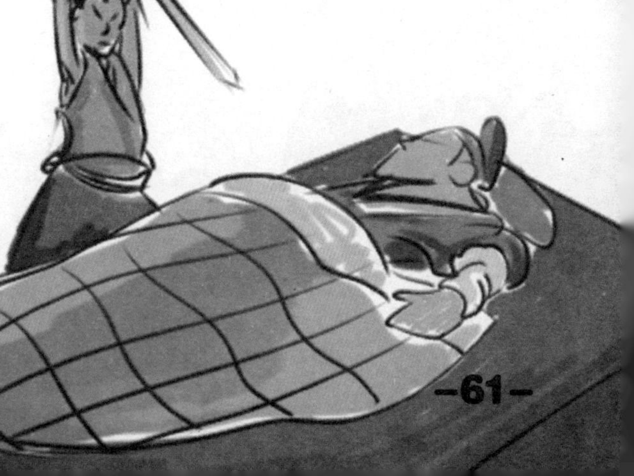

“你给我老实点！否则小心你的皮！”

区寄装出被他们吓倒的样子，全身发抖，蜷缩在一边。强盗从身上摸出酒瓶，大口大口地喝起来，还说：“今天运气真好，一出来就抓住一个，又可以发财了！”由于很高兴，两人就不停地喝，还划着酒令逗乐。很快，两人都醉醺醺的了。

这时，一个强盗说：“我先去到集市上找个买主。你坐在这里，看住这个小家伙。”说完，歪歪斜斜地朝集市走去。另一个强盗认为区寄不敢乱来，就把刀子往旁边一丢，在路旁躺了下来，不一会儿就打起鼾来了。

区寄看到机不可失，就悄悄走过去，背对着刀，把捆手的绳子靠在刀口上面，一上一下地用力磨割，很快就把绳子弄断了。然后他拿起刀，使出全身的力气，“咔嚓”一刀，把睡在地上的强盗杀死了。

区寄没有迟疑，马上拔腿就跑。但没跑出多远，另一个强盗回来了，一看到区寄想逃，就来追赶他，区寄毕竟是个小孩，哪儿跑得过大人，于是很快又被捉住了。

强盗看到区寄杀了他的同伙，非常愤怒，举刀就要砍死区寄。区寄急忙说：“他不好好对待我，我才杀了他。你如果不杀死我，好好对待我，我一定听你的话。再说，你杀死我，也得不到什么好处，倒不如把我卖了，还可以赚点钱！”

那个强盗一想：“对呀！与其杀死他，还不如卖掉他。与

其卖了以后两个人分钱，还不如我一个得这些钱，算起来我更划算些。”他越想越心花怒放，决定不杀区寄了。

他把区寄捆得更牢，然后带着区寄，准备到集市上去卖。走着走着，天慢慢黑了，他们只好找个地方住下，准备第二天再到集市上去。

半夜里，强盗睡熟了，区寄却没睡，他在想办法逃跑。他推推强盗，没有反应，于是他赶紧轻轻地下床，靠近火炉子，然后把捆手的绳子靠在火边烧。手被烧伤了，区寄痛得头上冒出黄豆般的汗珠。但他咬紧牙关，硬是忍住没有发出一点声音。最后，绳子终于烧断了。区寄赶快拿起刀，把睡熟的强盗也杀死了。

第二天一早，区寄就到官府去报告了案情。当地的官员十分欣赏他，想把他留在官府当差役，区寄不肯。他说：“我还是要回去放牛。”

区寄回家以后，当地干过打劫绑架的那些人，都对他刮目相看，不敢从他家门口经过。他们都说：“这个孩子一个人杀死了两个强盗，真是厉害！惹不起啊！”

《童区寄传》

本篇成语解释：

1.【机不可失】时机难得，不可错过。

2.【心花怒放】怒放：盛开。心里高兴得像花儿盛开一样。形容喜悦兴奋之极。

3.【刮目相看】用新的眼光来看待。

你虽在困苦中也不要惴惴不安，往往总是从暗处流出生命之泉……不要因为时运不济而郁郁寡欢，忍耐虽然痛苦，果实却最香甜。——萨迪

马知节正色直言

马知节(公元955年——1019年),字子元,北宋官员。为人正直,遇事敢直言,不怕得罪人。

一天,泰山脚下的一座庙里钟鼓长鸣,热闹非凡。突然,一个人被一群士兵从庙中推出来,这个人边走边说:“我要说,我就是要说!事情就是这样的!”

这个人就是北宋著名的敢于冒死讲真话、不怕得罪人的马知节。这一次他是跟随宋真宗去泰山祭祀,行祭祀天地的大典的。

为了表示虔诚,宋真宗下令,在去祭祀的途中,他自己带头,下面的文武官员,一律不得吃鱼、肉等荤食,只能吃素。

这一天,队伍到了泰山脚下。为了有充足的精力上山,他们就在山脚下的一座大庙里歇息。宋真宗对随行的大臣们说:“你们一路上真是辛苦了,连吃饭也只能陪着我一起吃素。你们真是朕的忠实的臣子啊!回去以后朕一定要好好地奖赏你们!”

随从的许多官员为了取悦皇帝,都大声说:“皇上,都是由于您皇恩浩荡!皇上万岁!万岁!万万岁!”

宋真宗表面上不露声色，心里听了十分舒服，正暗自得意，突然有个大臣快步向前，跪倒在宋真宗面前，态度严肃地说："皇上，事实并不是这样的，有些人在欺上瞒下，他们并没有陪着您一起吃素，有人杀驴子吃肉。这是我亲眼看到的，请皇上明察！"

这个人是谁？竟然敢当众唱反调？在皇帝面前说这种话，连一点遮拦都没有，故意惹皇帝不高兴？

不过，马知节说的倒是真话。一路上，他发现有的大臣嘴上说得好听，但暗地里却偷吃驴肉解馋。因此，当他听到皇上夸奖群臣，群臣也大声附和时，他觉得这是欺骗皇上，就不顾一切地在皇上面前直言相告。当时那些大臣们都非常尴尬，大丢面子，他们都暗暗下了决心要报复马知节。但是马知节毫不理会，只要他认为自己是对的，他就坚持，决不隐瞒。他认为做人就是要堂堂正正，决不能口是心非，表里不一。

祭祀完了以后，宋真宗一行回到了都城开封。为了庆祝祭祀的成功，犒劳群臣，宋真宗在营中摆下宴席，一派热闹景象。划拳声，碰杯声响个不停，喝了一半的时候，宋真宗登上御楼朝远处望去，只见都城里人来人往，摩肩接踵，一片繁荣昌盛的景象。

于是宋真宗感叹地对群臣们说："啊！现在都城里的百姓们生活满足，安居乐业，你们辅佐我的

伟大的心胸，应该表现出这样的气概！用笑脸来迎接悲惨的厄运，用百倍的勇气来应付一切的不幸。——鲁迅

功劳不小啊！来！我们干杯！庆祝我们的国家更加强盛！”接着又是一阵碰杯声。

不料，这时马知节又一次上前，正色直言道：“皇上，那些沿街乞讨的穷人都被赶到城外去了。”原来，那些官员们为了让皇上高兴，早就命令差役去大街小巷巡走，发现有沿街乞讨的，马上赶出城外。因此皇上看到的，只是一种假象。

宋真宗马上派人去调查，当明白事实真相后，他才知道，总说好话的那些大臣，都是为了取悦他而在说假话，做假事，是在隐瞒真相。只不过他喜欢听好话，总希望听到臣下说他治国有方而已。

为了给自己找个台阶下，他连连说：“做大臣的，就是要像马知节那样，讲真话啊！以后谁还要欺骗我，我就对谁不客气！”

说实话、办实事的人终究会得到人们的承认和赞许的，不是吗？

《能改斋漫录》

本篇成语解释：

1.【不露声色】不流露感情。形容镇静、沉着。

2.【口是心非】嘴里说的是一套，心里想的又是一套。指心口不一致。

3.【摩肩接踵】踵：脚跟。肩挨肩，脚碰脚。形容拥挤、人多。

寇准斗胆言真相

寇准(公元961年——1023年),字平仲,华州下邽(今陕西渭南)人,北宋大臣,政治家。为人刚直,敢于直谏。官至宰相。

寇准是北宋时一位清正廉洁的官员。他素来以刚正不阿,敢于犯颜直谏著称。

寇准小时候,家里非常贫穷,但他读书却非常努力。他最爱读的书是记叙我国历史上春秋时期历史的《春秋三传》。这些书非常难懂,但他却背得滚瓜烂熟。正因为学习努力,所以十九岁那年,他考中了进士。

当时的皇帝是宋太宗,太宗对年纪太轻,不够老成的人总不放心,因此对中了进士的人,在授予他们官职以前总要再进行一次殿试,亲自加以考察、挑选。

有些好心的人担心寇准会因为年纪轻而被刷下来,就提醒寇准说:“皇上如果问到你的年纪,你就多报几岁。不然的话,皇上会认为你太年轻,不给你授以官职呢!那样的话多可惜!”

寇准听了这些话,心里很不舒服。他想:我为了当官就去弄虚作假、去虚报岁数,何必呢?

但他还是说："谢谢你们的提醒。但我想，做人要正直，一是一，二是二，我宁可被刷下来，也不能虚报岁数去欺骗皇上啊！"

殿试的结果是宋太宗对寇准的才华很欣赏，宋太宗觉得他虽然年轻，但是知识广博而且有见解，就让他当了一个知县。后来由于政绩出色，又提拔他。他二十七岁时在朝廷担任谏官（对皇帝进行规劝，以纠正错误的官员）。

担任这个官职以后，他仍然实事求是，敢说真话，也不怕得罪皇帝。只要认为自己是正确的，他肯定坚持。

不久，全国到处大旱，太宗召集大臣们商讨对策。有些专会拍马屁的官员，专说好听的话，他们说："天灾是天命注定的，即使古代的圣君在位，也是难免的。请陛下不要过于担心！"寇准听了以后，非常气愤，他平时就很厌恶那些善于钻营、拍马屁以求升官的人，他决定利用这个机会打击一下那些营私舞弊的官员。于是他突然站起来，大声地说："皇上，发生天灾，不只是由于天命，这里面还有'人事'的因素，因为朝廷有办事不公正的地方，所以天老爷故意要惩罚我们！"宋太宗一听："这还了得，竟然说朝廷有办事不公的地方！"因此他非常恼怒，心想这不是借机说我没有治理好天下嘛。太宗忍不住了，就呼地从龙椅上站起来，"哼"了一声，气冲冲地下令退朝了。

回到后宫以后，太宗火气熄了一点，他冷静地一想，寇准讲那些话肯定是有所指的，因为寇准一般不会无缘无故地乱说的，于是他叫人把寇准喊来，让寇准把话说完，他好明白到底是怎么回事。

寇准神情严肃地说："最近有祖

吉和王准两个人同时犯了贪污罪行，祖吉贪污的钱不多，却判了死刑；王准贪污了千万以上的钱，却只打了一百大板，然后被放了。这是为什么？还不是因为王准是副宰相王沔的弟弟吗？您说，这种刑罪公正吗？这不是公开营私舞弊吗？”

皇帝又把王沔叫来，一问，果然是这样。寇准居然敢在朝廷上公开揭发副宰相的循私枉法，连宋太宗都感到吃惊，从此，他也更欣赏寇准了。

正是由于寇准为人正直，总是揭露丑恶现象，很多人都诬告、陷害他，最后，寇准被贬到边远地区，后来病死在那里。但他光明磊落，正直敢言的品格，使他死后被追赠为“忠愍公”（愍，忠直可悯的意思）。

《宋史》（卷二八一）

你若失去了财产，你只失去了一点；你若失去了荣誉，你就丢掉了许多；你若失去了勇敢，你就把一切都丢掉了。——歌德

本篇成语解释：

1.【滚瓜烂熟】形容朗读、背诵熟练流利。

2.【弄虚作假】指搞虚假的一套欺骗人。

3.【实事求是】从实际情况出发，不夸张，不缩小，正确地对待和处理问题。

4.【营私舞弊】谋求私利，玩弄欺骗手段。

5.【光明磊落】形容胸怀坦白，光明正大。

人们敢说真话的程度，是衡量社会文明的晴雨表。旧中国茶馆里的“莫谈国事”无言地寓示着那是怎样的一个社会。今天的情况无疑远比那时好，也应该比那时好，希望今后更好。

辛弃疾勇擒叛徒

辛弃疾(公元1140年——1207年),原字坦夫,改字幼安,号稼轩,齐州历城(今山东济南)人。南宋著名词人,抗金将领。官至安抚使。

辛弃疾是南宋的著名词人,他不但词写得十分出色,还是一位抗金的英雄。

辛弃疾出生时,家乡已被金兵占领了十二年。金兵每到一处,都纵兵劫掠,放火焚烧,这给他们家乡人们的生活带来了极大的痛苦。辛弃疾从小就亲眼看到了金兵的残暴凶残,于是在他幼小的心灵上,很早就播下了爱国抗金的种子。他的祖父还经常给辛弃疾讲古代英雄和带兵打仗的故事,这使得辛弃疾立下大志,一定要把金兵赶出去,统一自己的祖国。

二十一岁那年,他就怀着杀敌报国的强烈愿望,在家乡组织了一支队伍,举起了反金起义的大旗。当时起义的队伍很多,其中有一支耿京领导的队伍,力量最为强大,有二十五万多人。辛弃疾十分佩服耿京,就带着士兵加入了耿京的队伍。

不久,有个僧人由于同辛弃

疾有些交往，通过辛弃疾的介绍也率一支一千多人的队伍加入到耿京的义军中来。这个人心存不良，一天夜里，他偷走了耿京的大印逃跑了。耿京知道后大怒，要杀掉辛弃疾，辛弃疾说：“给我三天的期限，如果我抓到那个和尚，你再杀我吧！”辛弃疾估计和尚是去投降金兵，就日夜兼程抄近路追上他，把他斩首，回来向耿京汇报。从此，耿京对他更加器重。

为了同当时逃亡在江南的南宋朝廷一起抗金，耿京派辛弃疾等人带着公文去见宋高宗赵构。辛弃疾等人顺利地完成了联络任务，却在返回的途中听到了一个不幸的消息——起义队伍中的张安国被金朝收买，暗杀了起义军领袖耿京，还强迫一部分起义军投降了金朝，剩下的士兵群龙无首，都溃散而各奔东西了。

辛弃疾气得眼里直冒火星，他愤怒地和大家商议说：“咱们千辛万苦地去联系南宋力量抗金，张安国却搞叛变，真是可恨、可耻！咱们一定要抓住张安国，为耿京报仇，为国家除害！”

有的将领说：“现在张安国躲在敌人的兵营里，那儿有五万人马，咱们怎么能捉住他呢？”辛弃疾竖起眉毛，毫不犹豫地说：“别说是五万，就是五十万，我也要闯进敌群，杀了这个叛贼！”于是他就挑选了五十名精壮的骑兵，骑上马直奔金兵的营寨。

他们一路上不分昼夜，很快到了金营附近。这天晚上，辛弃疾他们巧妙地躲过了敌人的哨兵，直捣敌军主帅的帐篷。这时，张安国正在与两个金军将领饮酒作乐，面对一群从天

应当惊恐的时刻，是在不幸还能弥补之时；在它们不能完全弥补时，就应以勇气面对它们。——丘吉尔

而降的神兵，他们吓得面如土色，抱头就逃。

说时迟，那时快，辛弃疾看准叛徒张安国，一个箭步冲上去，手到擒来，架在马上。那两个金军将领想拔剑来相救，剑还没抽出，就被勇士们砍翻在地。帐篷外的金兵一时不知是怎么回事，辛弃疾他们已冲出大营，疾驰南下。辛弃疾把张安国押到都城临安以后，斩首示众。

辛弃疾的这一壮举，使敌人闻风丧胆，也大大地振奋了抗敌将士的士气。

《宋史》(卷四零一)

本篇成语解释：

1.【从天而降】形容突如其来地降临、到来。
2.【面如土色】脸色像泥土一样。形容惊恐到了极点。
3.【闻风丧胆】一听到风声，就吓破了胆。形容非常害怕。

有的人，他在自己一生中所获得的每一个成功，都是与艰难苦斗的结果，都是发挥了自己的真正力量，所以，他现在对那些不费力得来的成功，反倒觉得有些靠不住。他觉得克服障碍以及种种缺陷，从奋斗中获取成功，才可以给人以喜悦。

王著怒杀阿合马

王著(公元1255年——1282年),字子明,元代的将领。为人刚直,嫉恶如仇。

元朝初年,有一个人叫王著。一开始他是一个文职官员,后来他弃官从军,当了一个小军官。当时有个人叫阿合马,很会阿谀奉承,得到了元世祖的好感和信任,很快就做了宰相。做了宰相以后,他原形毕露,极力搜括民脂民膏,还强抢民女,滥杀无辜,干尽了坏事。

老百姓敢怒而不敢言,暗暗地诅咒阿合马,只希望他尽早死去;一些正直的官员也对阿合马的暴行十分不满。但阿合马自以为有着皇帝这个大靠山,肆无忌惮,不但不收敛,反而更加变本加厉地迫害敢于和他作对的人。

俗话说:"忍耐终究是有限度的。"当人们不能再忍时,就会起来采取行动。王著这个人天生侠义心肠,他嫉恶如仇,看到阿合马如此霸道,义愤填膺,发誓要为国为民除去这个祸害。于是他暗暗地准备了一把大铜锤,还联络了一些朋友,策划该怎么处置阿合马。

不久,皇上和太子离开京城,到外地去巡视去了。王著马上找

来了他的朋友们，对他们说："现在皇上和太子都不在宫中，这可是个千载难逢的机会呢！现在不下手，更待何时？"他找了一个很像太子的人，让他装成太子。然后又以太子的名义发了一道命令，说太子即将返回京城，要阿合马准备迎接。

阿合马老奸巨猾，他觉得似乎有些不对头，因为他知道太子出巡的话，一般不会这么快返回的。于是他下令加强戒备，自己则躲进了皇宫。王著的朋友中有人探到这个消息，害怕如果刺杀阿合马不成功，会招来杀身之祸，就劝王著说："阿合马有了准备，而我们人又少，万一事情不成，岂不麻烦。不如算了，以后再想办法吧！"

王著却慷慨激昂地说："我为国家除奸，义无反顾。各位可以去，也可以不去，任其自便。我王著一人做事一人当，不愿意连累别人。各位不去，我就一个人去！"大家见他这么勇敢无畏，都深受感动，纷纷表示要配合王著杀死阿合马。

当天晚上，行动按计划开始了。王著他们簇拥着假太子来到宫门外，大声命令阿合马出来迎接太子。阿合马有些怀疑，他先在宫墙上看了一阵，由于天色漆黑，看不清楚，只见下面有个人确实像太子。没有办法，他只得硬着头皮打开宫门，走了出来。他还没有站稳脚跟，只听得那个假太子一声怒吼："阿合马，你知罪吗？"

阿合马站在假太子面前，发现不是真太子，知道中了计，转身就逃。但哪里还来得及，王著抢上前去，抡起铜锤，对准他的脑袋狠狠地砸了下去。这个罪行累累的家伙，只"啊唷"了一声，就顿时脑浆四溅，一命呜呼了。

皇宫里的士兵一见出了事，马上蜂拥而出，很快包围了王著这些人。王著毫不惧怕，他一边挥动铜锤抵抗，一边大声对同伴们说："你们快走！杀了恶人，我死而无憾！"

勇者并不是蛮勇之谓；凡见义不为为非勇，欺凌弱小为非勇，贪图便宜，使乖取巧，自私自利皆为非勇。——郁达夫

几天后，王著和几位被捕的朋友一起被处死了。但是，人们却永远没有忘记王著这个为民除害的英雄，把他的名字写进了历史。

《元史 · 阿合马传》

本篇成语解释：

1.【原形毕露】毕：全部。本来的面目全部暴露出来。

2.【敢怒而不敢言】心里感到气愤，但慑于威势，不敢用言语表达出来。

3.【变本加厉】指比原来更加发展。现指事情的状况变得比原来更加严重。

4.【义无反顾】义：正义。反顾：回头看。为正义而勇往直前，不犹豫回顾。

除非遭到巨大的打击和刺激，人类有几种本性是永远不会显露出来，永远不会爆发的。这种神秘的力量深藏在人体的最深层，非一般的刺激所能激发，但是每当人们受了讥讽、凌辱、欺侮以后，便会产生一种新的力量来，一旦这种力量发挥出来，就能做出从前所不能做的事。

戚知县不怕鬼神

戚贤(公元1482年——1553年),字秀夫,明朝官员。官至县令。

在中国的古代,由于很多人缺乏知识,往往不能科学地认识许多事物,所以常常把一些现象归咎于鬼神的作用,而这恰恰给一些以搞封建迷信活动为生的人提供了机会,他们利用迷信活动欺骗人们,骗取钱财,蛊惑人心,弄得人们不能安心生活。

但是在明朝时,有一个知县却被人们誉为“敢斗鬼神的勇士”。他是谁呢?他就是浙江归安县的知县戚贤,由于他不怕鬼神,所以得到这个美称。

一天,他带着几个人去乡下视察。走在路上,他看见前面有一座大庙,这座庙叫“萧总管庙”(里面供着的神叫“萧总管”),庙内外人山人海。他很好奇,就进去一看,只见人们手举秉烛,用丰盛的祭品摆在神龛上,虔诚地祈祷着。

他看到许多人愁眉苦脸,就故意问:“你们拜的是什么神,到底灵不灵?“一个老头告诉他:“我们拜的是‘萧总管’,以前很灵的,但这次已经拜了三天了,还是没有用。我们希望他去替我们向老天爷请雨,但是如今还是不下一滴雨,眼看就没有什么收成了，我们的日子又要难过了！”

本来戚贤到乡下来是看人们怎么抗旱的，他的这次视察是为了更好地指导人们抗旱，但没想到人们不去想办法找水源，却在这浪费时间拜神，他一肚子火一下就上来了。

他没有责骂人们，而是假装对神像大发脾气：“你这可恶的家伙，受了人们的香火供奉，竟然不为大家办事，还要你有什么用？”骂完就下令随从把神像掀倒，再在它的脖子上套上几块石头，沉到河里去了。

人们听说后，都慌了，有的说，这下肯定要大难临头了，也有的说，下雨是肯定没希望了。但说来奇怪，后来不但没有什么灾难降临，反而不久就接连下了几场大雨，缓解了旱情。这一来，人们开始对拜神产生了怀疑。

过了一段时间，戚贤又带随从乘船下乡视察。说来也巧，这次走的正是沉神像的那条河。当船划到沉落神像的地方，忽然水中响起一阵“咕噜咕噜”的声音，随后就有一个人形模样，龇牙咧嘴的东西“哗”地窜出水面，竟跳到了船头上。随从们顿时魂飞魄散，乱作一团，嘴里喊道“鬼来了”。戚贤却毫不慌乱，他站起身朝船头大步走去，一把抓住那东西，不觉哈哈大笑：“你们看，这哪是什么鬼！”随从们见没事，就走过去看，原来是一尊湿漉漉的用木头刻制的“萧总管”的神像，并不是什么鬼。

船靠岸后，戚贤命令把神像用火烧了，接着命令几个随从藏到河边拐弯处的芦苇丛中，并对他们说：“如果看见有人从水里爬上岸，就立刻把他们抓来见我！”

果然不久，手下随从押着一个人来了，那人浑身湿透，双腿发抖，一下子跪倒在戚贤面前，一五一十地交待了一切。

人要是惧怕痛苦，惧怕种种疾病，惧怕不测的事件，惧怕生命的危险和死亡，他就会什么也不能忍受的。——卢梭

原来那些专搞迷信活动的人对戚贤早就恨之入骨了，他们是故意派人来恐吓戚贤，想报复戚贤。没想到却栽在了戚贤手里，被戚贤彻底揭开了他们的阴谋。

这以后，那些人再也不敢制造混乱，干骗钱的勾当了，戚贤不怕鬼神，智抓“水鬼”的事更是在浙江一带流传开来。

《明史》(卷二零八)

本篇成语解释：

1.【蛊惑人心】蛊惑：迷惑，使人迷乱。比喻用谣言来欺骗、迷惑、煽动人们。

2.【愁眉苦脸】皱着双眉，哭丧着脸。形容忧愁或气恼的样子。

3.【魂飞魄散】吓得魂魄都飞散了，形容惊恐万状。

4.【一五一十】比喻叙述得原原本本，清楚而无遗漏。

迷信在无知者眼中便是“科学”，是神圣不可侵犯的，谁若侵犯它，谁便会受到“诅咒”。但是戚贤不仅不信它，更不怕“被诅咒”。为了百姓，他勇于拆穿这些骗人的把戏。这一点，值得当今官员学习。为了百姓，为了社会的安定，当官的应该带头做一些有利于民的事情，不畏艰险，不怕自己利益受损。

茹太素敢讲真话

茹太素，生卒年不详，泽州（今山西高平）人。明初官吏。生性正直，敢于直言不讳。官至户部尚书。

中华民族素来以诚实勇敢闻名于世。父母们经常对孩子们说做人要诚实，要说真话，不能讲假话。因此，诚实是被人们当做一种美德的。

但是在封建社会里，有时候讲真话却不是好事，搞不好还会因此被杀头。在官场，尤其是在皇帝身边，那就得更加小心了。因为皇帝的话就是法律，一切都由他说了算，如果一个人因说真话而惹怒了他，他就会惩罚你，甚至把你处死。

这里讲一个明朝官员茹太素的故事。

茹太素生性正直豪爽，即便对皇上朱元璋的过失、错误，他也敢于直言不讳。因为他认为：一个人不能为了保住自己的官位，就昧着良心说假话。每当他发现皇上所颁发的各种政策法令有偏差时，他就会及时向皇上指出，从来不会为自己留后路，也不会去想万一皇上生气了怎么办？

明太祖朱元璋刚刚建立明朝时，注意吸取以前朝代灭亡的教训，还能听得进谏言，对于茹太素等大臣的批评和建议，也往往能接受，而且常常参照他们的意见去办。但是日子一久，随着他地位的巩固和明朝政权的日益强大，朱元璋变得专横起来，耳朵慢慢长茧子了，听不进批评意见。在这种情况下，

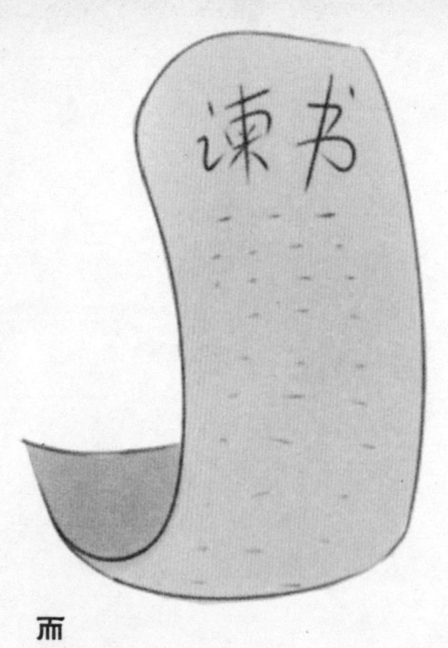

许多大臣为了保住自己的官位，都变得乖巧了，不再在皇上面前说直话，也不再提意见了，怕惹皇上生气。

然而，茹太素却顾不了这么多，他照样直言不讳。有一次，他写了一份一千七百多字的长奏折呈递给皇上。在奏折中，他措辞激烈地指出，近几年来，朝廷里有才能的人一百个中只剩下一两个了，现在担任重要职位的都是些没有真才实学的迂儒俗吏。

真正的勇者，不是没有眼泪的人，而是含着眼泪奔跑的人。——佚名

朱元璋看了以后，大为恼怒。因为他知道茹太素的奏折有言外之意，暗中批评朱元璋在建立明朝以后，杀掉和赶走的功臣实在太多了。他想：这还了得！皇位是我坐，不是你茹太素坐，竟然敢跟我作对，指桑骂槐。哼！看我怎么收拾你！

于是他马上下令把茹太素抓来，当众打了茹太素五十大板，直打得茹太素皮开肉绽，但是坚强的茹太素硬是哼都没哼一声。

这天晚上，朱元璋回到寝宫休息时，又想起了白天杖打茹太素的事，于是他命令侍者把奏折再读给他听一听。听着听着，朱元璋叹起气来，说道："我只想到做皇帝难，没想到当臣子也不易啊！"

侍者听到皇上叹息，以为他听得不耐烦了，赶快收起奏折。朱元璋却坚持要侍者读完。接

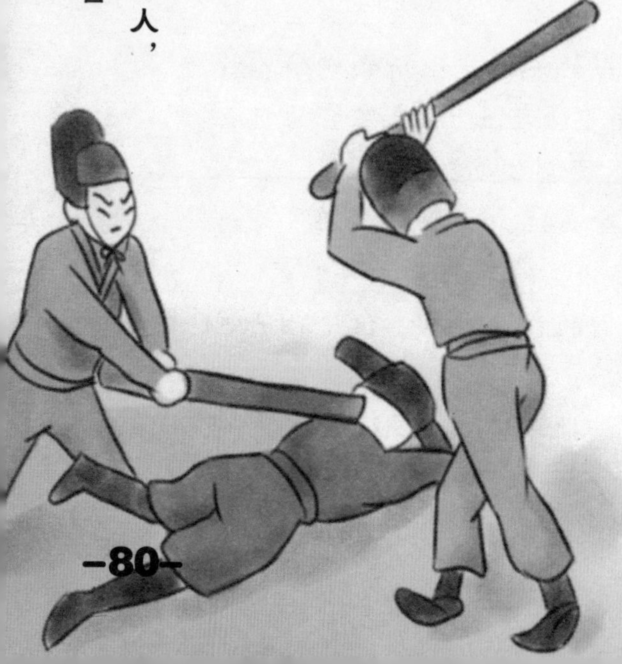

着，他对侍者说："其实茹太素讲得也很有道理啊！他那么说，都是为了国家好，我却错怪了他，实在是不应该。他确实是一位好臣子呢！我没有奖赏他，却反而下令杖责他，真是不分好歹啊！"

因此，后来茹太素又多次说真话，虽然有几次触怒了朱元璋，但朱元璋还是赦免了他。像茹太素这样不说假话，敢说真话的人，不但在古代，就是在今天，也是难能可贵的呢！

《明史》（卷一五一）

本篇成语解释：

1.【直言不讳】讳：忌讳。说话爽直，毫无忌讳。

2.【真才实学】真正的才干和学问。

3.【指桑骂槐】指着桑树骂槐树。比喻明骂这一人而实际上在骂另一人。

4.【皮开肉绽】绽：裂开。皮肉都开裂。形容被打得很重。

一个国家的希望从说真话开始。国人说真话，社会就有希望发达安泰；官员说真话，国家就有希望富饶昌盛。不敢说真话是个人的耻辱，不能说真话是时代的耻辱。从某一程度上说，当今社会最最紧缺的不是人才，不是财富，是真话！

青年于谦斗御史

于谦(公元1398年——1457年),字廷益,浙江钱塘人(今浙江杭州)人。明朝大臣。长躯玉立,声如洪钟;性格刚直,智勇双全。官至兵部侍郎。

明朝的某一天,在一所学堂里,一个十七八岁的年轻人正在讲台上讲课,下面一群官员却跪在地上洗耳恭听。

这是怎么一回事呢?

原来是于谦在运用自己的才智和勇气惩罚那些故意刁难学生的官吏。

十七岁那年,于谦还在家乡读书。一天,有位督学到私塾来视察,学生们见了他,都躲得远远的。这个督学官很霸道,他常常动手打人,还罚学生下跪,一跪就是一天。

这一天,他见到一位学生对他不尊敬,借故又把那个学生打了一顿。这群学生年少气盛,咽不下这口气,要跟他评理。他见学生们围上来,非但不赔礼,还仗着自己手中有权,谩骂学生说他们要造反。

学生们越来越气愤,一边与他评理,一边逼近他,结果你推我搡,一不小心,"扑通"把督学官推倒在院子里的水池中。这下出麻烦了,学生们都怕承担责任,吓得一个个都溜了。

于谦本来在房间里看书，听见院子里吵吵嚷嚷，读不进书，他就好奇地出来看看。恰巧这时督学官掉到了水池里，他见其他人都跑了，就赶快跑过去，把督学官救上了岸。谁知道督学官非但不感谢，反而硬说是于谦把他推下了水。他紧紧抓住于谦，恶狠狠地说：“你好大胆，竟敢谋害我！”

于谦不慌不忙地说：“与您评理的学生们都吓走了，这是很明显的事，现在您不去怪那些学生，反而怪我这个救你的人，你太不讲理了！”督学官没好气地说：“等着瞧吧，看我不一个个收拾你们！”说完狼狈地走了。

后来，这个督学官升官为御史。过了不久，他又到于谦所在的私塾来巡视，因为他心里还有一笔账没有与学生们算清楚，这一次来是故意想为难学生们，趁机报复一番。

他一眼看到于谦，就点名把他喊出来，要于谦在课堂上讲书，还说一定要跪着讲。旁边的官员们也都帮着腔：“对，要跪着讲！”

在场的先生和学生们顿时紧张起来，大家都明白，这是御史在以势压人，故意刁难于谦。

但于谦素来刚直不阿，他绝对不会顺从的。只见他放下课本，神情镇定地站起来，走到了房子中间，说：“请各位出考题吧！”

御史怕别人出的题目难不住于谦，便说：“你给我先把书上第一课背出来，然后再仔仔细细地讲解一遍！”

于谦一听，马上有了一个主意，他于是弯下腰，对两边的

官员拱手行礼说："要我讲书可以，可是大人们要跪着听讲！"

御史一听，大声吼起来："放肆！小小年纪竟敢戏弄本官和诸位大人！"

于谦丝毫不畏惧："大人，我今天给你们讲的是皇帝写的训示。按照礼仪规定，凡是听讲皇帝训示的人，都要下跪，难道你们敢坐着听皇帝的训示吗？你们不怕杀头吗？"

那些官员们没想到于谦会有这一招，顿时傻了眼，你看看我，我看看你，想不出办法来，只好一个个跪下。御史更是满脸冷汗，又怕失身份，又怕犯法律，最后也只得乖乖地跪下了。

于谦滔滔不绝地把书讲完，御史和那些官员们跪在地上，老老实实地听讲，然后一个个灰溜溜地回去了。从此以后，他们都知道，于谦是惹不起的，从他那里占不到便宜！

这件事很快传开了，人们都说于谦智勇双全，不畏权势，将来一定能干大事业，并且都尊敬地把于谦称为"青年豪杰"。

《明史》（卷一七零）

勇气有时可以催生智慧，当你遇到困境和磨难时，首先要有勇气来面对，不要胆怯，有了勇气才会有智慧。——佚名

本篇成语解释：

1.【洗耳恭听】形容专心、恭敬地聆听人讲话。多用作敬辞。

2.【滔滔不绝】滔滔：波浪滚滚流动，连续不断的样子。形容话一句接着一句，说个不停。

海瑞上书骂皇帝

海瑞(公元1515年——1587年),字汝贤,号刚峰,广东琼山(今属海南)人。明朝官吏。德行很高,生活俭朴。

海瑞四岁时父亲就去世了,他是由母亲一手带大的。他母亲很早就勉励他要胸怀大志,并且对他教育很严格,亲自教他读《诗经》、《大学》、《中庸》等古代书籍。海瑞很用功,听过几遍之后,就能流利地背诵所学的知识了。十四岁那年,他就立志要成为圣贤,因此时刻注意自己的行为举止和道德修养。

后来,他做了知县。但仍然节俭朴素,清廉为官,从来不打歪主意。他平时穿着粗布衣服,吃得很朴素,还让手下的老仆人在后院里面种菜,以便节约钱财。他只领自己的俸禄,俸禄之外,一概不取。有一次,兵部给他送俸禄来,多了七文钱,他不肯要,硬是派人给送回去了。

还有一次,他母亲过生日,他没有大操大办,只是亲自到市场上买了两斤肉,就算给母亲过了生日。当地的人都感到很惊奇,但也佩服他确实节俭。

这时,明朝的皇帝是嘉靖,已经快六十岁了。他是个昏庸的皇帝,多年不理朝政。整天和一些搞迷信、巫术的道士术士们混在一起,醉心于仙丹妙药,幻想有朝一日能修炼成仙,长生不老。

在他的影响下,许多朝廷官员

都不务正业。有的趁机搜刮民脂民膏，有的大肆侵吞农民土地。整个朝廷一片乌烟瘴气。但是，这些事谁也不敢向皇帝说，都怕惹怒了皇帝，有杀头的危险。海瑞却置生死于度外，勇敢地给皇帝上了一本奏章——《治安疏》。

在《治安疏》中，海瑞先是举出汉朝贤帝汉文帝的例子来婉言劝嘉靖要治理好国家；然后又指责皇上昏庸腐败，说他不该整日沉湎于修仙炼丹，不理朝政。并特意引用一句民谣："嘉靖嘉靖，家家皆净"，意思是皇帝没有把国家治理好，弄得天下百姓家家户户都穷得一干二净。

嘉靖皇帝看到海瑞的上书后，气得浑身发抖，脸色发青。他没有想到，这么一个小官，竟敢公开上书指责自己，而且骂得这么厉害。他马上吩咐左右说："快去把海瑞给我抓来，别让他逃跑了！"

这时，站在旁边的一个宦官急忙上前对皇帝说："皇上，这个人很奇怪，听说他上书之前就已经买好了一口棺材，而且向家人交代了后事。他为人秉性刚直，想必不会逃跑。"

皇上听说海瑞已经作好了死的准备，一下子愣住了。他不敢相信天下居然有人会拿生命跟自己较量。他在痛恨海瑞的同时，也不得不佩服海瑞的勇气。

海瑞上书皇帝的事传开以后，人们都说他是一个敢于直谏的勇士，甚至连嘉靖皇帝本人也常常自言自语说："古有比干，胆大无比；今有海瑞，胆大包天！"

由于海瑞的名声越来越大，嘉靖怕杀了海瑞会大失人心，因此只下令逮捕了他，并将他关进大牢。

幸运所生的德性是节制，厄运所生的德性是坚忍。——培根

后来，嘉靖因为服仙丹中毒而死。新继位的隆庆皇帝为了取信于天下，便下令赦免了海瑞，并让海瑞官复原职。

在这之后，海瑞仍然不断地给皇帝上书，对朝廷的政事提出了自己的意见，为百姓们做了许多好事。

正因为海瑞刚直不阿，敢说敢做，人们都称他为“刚峰先生”，认为他是一个不平凡的人。

《明史·海瑞传》

本篇成语解释：

1.【秋毫无犯】秋毫：动物秋后新换的绒毛。比喻十分纤细之物。多形容军队纪律严明，对百姓没有丝毫侵犯。

2.【不务正业】务：从事。不干正当的工作。现多指丢下本职工作不做，去搞其他的事情。

3.【自言自语】自己对自己说话。

海瑞善良、正直、刚毅、果敢，勇于负责，不怕困难，宁折不弯，决不妥协，意志坚定，勇往直前。他对微薄的薪金毫无怨言，像勇敢的斗士，向一切腐败行为开火。而且六亲不认，不管是朋友还是恩人，只要是贪官就绝对打击。

宋濂勇敢捍正义

宋濂(公元1310年——1381年),字景濂,号潜溪,浦江(今浙江浦江县)人。明朝初期的大臣,文学家。

元朝末年的一天,天上雷鸣电闪,大雨倾盆而下,人们都躲到家里去了,而在浙江浦江县的一条乡间小路上,却有一个五六岁的男孩慌慌张张地往前跑,边跑边哭。

他叫什么名字?他去干什么?为什么那么匆匆忙忙的?

他叫宋濂,父亲很早就去世了,家里只有他跟母亲两个人,而前不久,他母亲病了,他每天在母亲身边侍奉母亲,熬药喂饭,十分孝顺。但今天母亲的病突然又加重了,他只好去请医生。这时他脑子里想的是如何尽快请到医生给他母亲治病,而根本不知道什么是害怕,他只知道勇敢地往前尽快地赶路。

后来,他母亲的病好了一些,他就继续边读书边侍奉母亲。他很勤奋,人又聪明,记忆力很好,知识慢慢地丰富起来。成年以后参加考试,考上了进士,终于做了元朝的一个小官。

元朝被明朝灭亡以后,明太祖朱元璋做了皇帝,他为了巩固自己的统治,到处搜罗人才。宋濂也被他看中了,但由于宋濂以前在元朝做过官,朱元璋对他有些不放心,于是经常暗中派人去侦察宋濂的行动。

有一次,宋濂约了几个朋友在家里喝酒,朱元璋怀疑他有不良企图，所以第二天退朝时就把宋濂留了下来，问他说："昨天你喝酒了？"宋濂回答说："喝了一点点酒。""在座的还有哪几位？做了什么好菜啊？"宋濂明白了，朱元璋派人监视了他，在试探他对明朝是否忠诚。他就马上把当时喝酒的朋友的姓名一一汇报给朱元璋听，甚至还把菜单也都讲了出来。朱元璋听了，觉得情况和监视宋濂的人说的一模一样，知道宋濂没有说谎，这才哈哈大笑，连声说："好！好！你没有欺骗我！"

从这里可以看出，宋濂是个非常诚实的人，但他更是一个勇敢的人，他敢于讲真话，即使是顶撞皇上，冒砍头的危险他也不怕。

一次，明朝另一个敢讲真话的大臣茹太素给皇上写了一封奏章，对朝廷提了很多意见。朱元璋读了以后，满肚子的火气，他故意问身边的大臣们："茹太素提的意见怎么样？"大臣们看到朱元璋的脸色不好看，也从他的口气知道他要发脾气了，都不敢讲真话，于是纷纷奉承说："奏章里讲的尽是些歪曲事实的话，简直就是诽谤朝廷。茹太素他目无法纪，应该重重地惩治他！"

由大智中产生大勇，由理解中加强信心，是最坚毅的大勇与最坚强的信心。——邹韬奋

宋濂从来不是那种趋炎附势的人。他有自己的头脑，他看不惯阿谀奉承的人，觉得那些人讲的根本不是事实，于是他决心替茹太素说句公道话。

只见他霍地站起，理直气壮地说："皇上平时总是对我们讲要广开言路，鼓动群臣提意见。现在茹太素遵照您的旨意提了意见，这是听皇上的话，对皇上忠诚，怎么能反过来惩治他呢？"

退朝以后，朱元璋叫侍者重新读了读茹太素的奏章，觉得奏章上确实有不少好的建议。他又想想宋濂的话，觉得不应该惩治茹太素，于是赦免了茹太素。第二天上朝时，他感激地对大臣们说："宋濂真是个正直的人。要不是他，我真的要错怪茹太素了！我希望你们以后多多给我提意见，勇敢地提，只要是对的，我一定采纳！"

《明史》(卷一二八)

本篇成语解释：

1.【目无法纪】不把法律纲纪放在眼里，胆大妄为。

2.【趋炎附势】炎：比喻有权势的人。意为奔走权门，或奉承、依附有权势的人。

3.【理直气壮】理由正确、充分，因而说话有气势。

在当今这物欲横流的尘世喧嚣中，我们是否依然坚守着心灵的一方净土，是否勇于承担维护真理的使命和责任；在沧桑百转的轮回中，我们是否对生命有了更多的感悟，是否真正意识到我们久久期待的是什么？

道同冒死斗权贵

道同，生卒年不详。明朝初期番禺(今属广东省)知县。办事勤谨，很有才干。不畏权势，不徇私情。后因为舍身执法遭小人陷害而死。

明朝初年，道同被任命为番禺知县。

番禺历来是一个难于治理的地方。这里土豪恶霸多，商人也多，情况相当复杂。那些土豪恶霸，长期结伙压价收买民间珠宝玉器，然后贩运到外地去卖，从中牟取暴利，人民非常气愤。土豪恶霸又和当地的地痞流氓勾结起来，胡作非为，欺上瞒下，老百姓敢怒不敢言。

道同上任以后，不畏强暴，立刻制定了整顿治安、打击地方恶势力的措施。由于他铁面无私，一身正气，对坏人敢顶敢斗。所以没过多久，就把恶势力的嚣张气焰打下去了。百姓们无不拍手称快。

可是后来，武将朱亮祖被派来镇守广东，并成为了道同的上司。朱亮祖早年跟明太祖南征北战，立有赫赫战功，因此居功自傲、目无法纪、飞扬跋扈，甚至是粗暴专横。加上他这个人生性贪婪，所以没过多久就被当地的土豪恶霸买通了。因

此，对那些违法乱纪的人，睁只眼闭只眼，这使得番禺的治安又慢慢地变得糟糕了。

这种情况，道同本来完全可以不管。“既然上司都不想惹麻烦，你为什么要惹呢？”有人对他说。但道同生来一副硬骨头，看不惯那些不法势力任意危害百姓。他暗下决心要跟恶势力斗下去。

一天，几个土豪头目在市场上横行霸道，被道同抓了起来。其余的人一看不好，马上暗地里送钱给朱亮祖，恳求他放人。第二天，朱亮祖果然就在家里摆上酒席，并请道同吃饭。等到酒酣耳热，朱亮祖把嘴靠在道同耳边，悄声说：“听说你抓了几个人，我看这种事是小事一桩，用不着你大动干戈，还不如放了算了！”

道同一听心里明白了，原来朱亮祖请他吃饭，是为了替坏人说情。他气愤难忍，当即从座位上站起来，严肃地说：“此案案情重大，并没有那么简单，这些人即使人情可恕，但国法难容啊！我作为一个知县，怎么能执法不严呢？这不是纵容犯罪分子吗？再说将军您是开国元勋，国家的重臣，怎么能黑白颠倒，是非不分，反而听从那些小人的谗言呢！”说完，拂袖而去。

朱亮祖听了以后，很是生气，认为道同不给他面子。他说：“你小小一个知县，竟然跟我作对，我看你是糊涂到家了！我给你面子，请你来商量，你却不给我面子，太不知趣了。你不肯放，我就是要放，看你能怎么样，哼！”说完，马上交待手下人强行把道同抓的人放了。他还威胁说，要鞭打道同，但被别人劝住了。可见朱亮祖是多么专横。那些恶势力见朱亮祖真

大海越是布满暗礁，越是以险恶出名，我越觉得通过重重危难寻求不朽是一件赏心乐事。——拉美特里

的给他们撑腰，更加肆无忌惮地干坏事了。老百姓见了他们，都像见了阎罗王一样，唯恐避之不及。

道同看在眼里，急在心里，他冒着可能被杀头的危险，把朱亮祖在广东所做的事一条一条地列出来，给朝廷写了个奏章，想让皇帝来主持公道。但朱亮祖十分恶毒，他恶人先告状，先送给皇帝一份密告，说道同“蔑视朝臣，蓄意谋反”，明太祖看了密告以后，大怒，没有核实就立即派人南下广东，处死了道同。后来，明太祖知道了真相，给道同平了反，并把朱亮祖绞死了。

不顾官职卑微，严于执法，勇斗权贵的道同，深得番禺人民的敬仰。他死后，人们给他雕刻了木像，放在家中，作为驱逐邪恶的神灵来供奉。

《明史 · 道同传》

本篇成语解释：

1.【居功自傲】自以为有功劳而自高自大。

2.【飞扬跋扈】飞扬：放纵；跋扈：蛮横。原谓意气举动超越常规，不受约束。亦多形容骄横放肆，不遵法度。

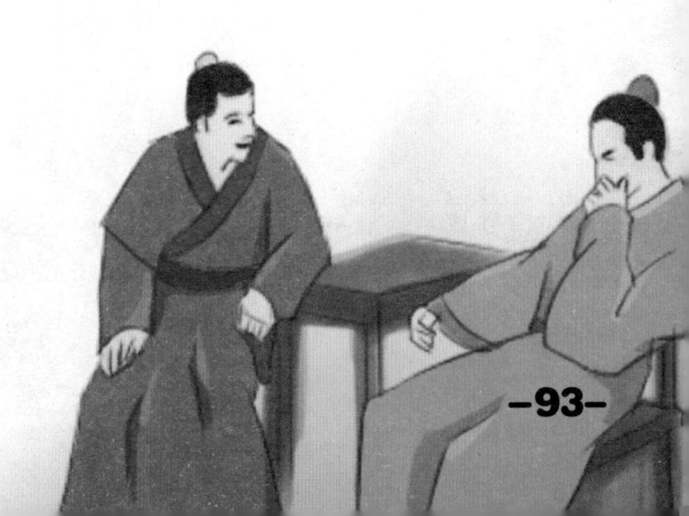

坚贞不屈铁御史

冯恩，生卒年不详，字子仁，号南江，松江华亭人。廉洁奉公，刚正不阿；嫉恶如仇，敢于直言。因得罪奸臣遭陷害，但临死不惧，人称“四铁御史”。

冯恩小时候家里很穷，而且父亲很早就去世了。但他很想读书，于是他母亲就自己教冯恩识字。由于他很聪明，记忆力很好，学习进步很快。稍稍长大以后，他更懂事了，常常帮家里干活，减轻母亲的负担，真是“穷人的孩子早当家”啊！

有一年大年除夕，别人家里都在热热闹闹地准备吃团圆饭，但他家里根本没有米下锅，而且当时正下着大雨，他家房顶又漏雨，满地都是水，要是一般的孩子肯定伤心得要死，但冯恩仍像没有事一样，照样坐在床上念书。

后来，他考中了进士，在京城中当监察御史。冯恩为人认真，忠于职责，他经常上书给皇上反映一些不法行为，因此得罪了不少人。但他丝毫不畏惧，从国家利益出发，大胆地揭露丑恶现象。

当时皇上十分宠信一个大臣汪鋐，是都察院的都御史，正好是冯恩的顶头上司。这个人是个仗势欺人、无恶不作的恶棍，人

们对他恨之入骨。冯恩对汪𬘩的言行更是看不惯，他一贯嫉恶如仇，觉得要为人民主持公道。于是给皇上写了一份详细的奏章，把汪𬘩的罪状一一列举出来。但皇上是个昏庸透顶的人，他见冯恩竟敢指控自己的亲信，十分生气，一怒之下，就命人把冯恩逮捕起来，关进了大牢。

冯恩在牢里被严刑拷打，但他始终坚持认为自己做的是对的，他决不认错。最后，皇上竟把他交给了汪𬘩去审判定罪，这真是冤家路窄。汪𬘩神气地坐在公堂上，他要冯恩当着他的面下跪，冯恩昂首站立，大气凛然。那些狱卒想逼他下跪，冯恩大声痛骂，那些人纷纷后退，吓得不敢动。汪𬘩恶狠狠地说："哼！你上书皇上，要把我定死罪，想害死我？没那么容易！今天我倒要先杀了你！"

冯恩岂是吓得住的人，他怒目圆睁，大声斥道："你身为朝中大臣，竟然敢公报私怨，杀一个光明磊落的御史。这里是公堂，你竟敢如此嚣张，太放肆了！你杀吧，即使杀了我，我死了也要变成恶鬼，来惩罚你这个奸贼！"

汪𬘩气极了，又捏造事实说："你自诩清廉正直，为什么在狱中受别人的馈赠？"冯恩说："哼！真是小人，想诬告我！我哪像你，拿钱买官，真不知羞耻！"接着，当着众人的面，把汪𬘩干的坏事一件一件讲了出来。汪𬘩脸上青一块白一块，他不顾是在公堂上，拍案而起，想杀死冯恩，后来被其他官员劝住。

汪𬘩定不了冯恩的罪名，这场审判只得草草收场。冯恩带着手铐脚镣，昂首阔步地走出公堂，围观的百姓见他遍体鳞伤，

世界荣誉的桂冠，却是用荆棘编织而成的。——卡莱尔

却又无比坚强，都赞不绝口地说："冯御史真是个铁打的汉子，不但口比铁硬，膝盖、肝胆、骨头都比铁还硬哩！"从此，人们都称他"四铁御史"。

冯恩被关了两年以后，被充军到边远的海南岛。后来重新被召回京都。这时，他已是七十多岁的老人了，但他那"四铁御史"的称号，一直没有被人们忘记。

《明史·冯恩传》

本篇成语解释：

1.【恨之入骨】恨它到骨里去。形容痛恨到了极点。
2.【拍案而起】一拍桌子猛然站起，形容愤慨之极，起而抗争。
3.【赞不绝口】不住口地称赞。

美国著名成功学家温特·菲力说："失败，是走向更高地位的开始。"许多人所以获得最后的胜利，只是受恩于他们的屡败屡战、愈挫愈勇。通常来说，失败会给勇敢者以果断和决心。的确，逆境可以激励人心，帮助你战胜生活之路上的"恐怖地带"。

郑和七次下西洋

郑和(公元1371年——1435年),本姓马,小字三保,昆阳(今云南晋宁)人。又称“三保太监”。明朝著名航海家。

大家都知道,在十六世纪初,有一个外国人麦哲伦首次完成了环绕地球的航行,从而证明了地球是圆的,他也因而成为世界上伟大的航海家。但是在我们国家,大约比麦哲伦早一百年,就有一位大航海家,他勇敢无畏地先后七次出使西洋(当时指南海以西的海和沿海各地),提高了明朝在世界上的地位和威望。

这个人就是郑和。

郑和本来姓马,他出生时正是元末明初兵荒马乱的时代。为了祈求全家和睦安宁,父母给他取名叫马和。因为他在家里排行第三,所以小名叫三宝。

马和自幼聪明,有才智,受过良好的家庭教育。十二岁那年,明太祖朱元璋的军队到云南扫除元朝的残余势力时,他被明军掳到北京,送进燕王朱棣的宫中当太监。在当太监期间,他表现出自己的才智和勇敢,尤其在“靖难之役”中,他立了很大功劳,所以燕王很器重他。后来,燕王做了皇帝,即明成祖,明成祖提拔他为“内宫太监”,并赐他姓“郑”。从此,马和改名为郑和。

1425年,明成祖为了扩大明朝的政治影响,

狂风和海水激战的时候，只有勇敢镇定的水手抵达彼岸。——佚名

加强同海外各国的友好往来，发展对外贸易，于是命令郑和统率船队，出使西洋。这是郑和第一次出使。郑和经过认真筹划，建立起一支庞大的船队，有大船六十二艘，还有一百四十六艘小船，当时最大的船长四十四丈，宽十八丈，装有九根桅木，上面有十二块大帆，得由两三百个水手驾驶。这是当时世界是最大的海船。其他船平均也可容纳四五百人。每艘船都有名号，如"清和号"，"长宁号"等等。整个船队共三万七千多人，浩浩荡荡，雄伟壮观。

他们是这一年六月从苏州刘家港(今江苏太仓浏河)出发的。他们的船队，满载着丝绸、瓷器、茶叶、金银等贵重物品，所以被人称作宝船。宝船所到之处，都受到了友好的欢迎。他们和当地的官府及商人做生意，换回象牙、珍珠、香料以及宝石、药材等等。但是他们遇到的不只是欢迎和笑脸，他们一路上遭遇到了各种困难，历尽艰辛，除了遇到恶劣的天气以外，他们还经常会遇到海盗。但是他们克服了一个又一个困难，继续前进。

有一次，在印度洋上，他们正满怀信心地朝前航行着，忽然西边天空变得昏暗起来，经验丰富的郑和知道马上会有大风暴来临。他立刻通知各船做好同风暴搏击的准备，但是，说时迟，那时快，命令还没有完全传达到各船，风暴就袭到了眼前。顿时电闪雷鸣，海浪被风掀起得比山还高，似乎要把船掀翻。随后，蚕豆大的雨点落下，但更为糟糕的是，风暴里

突然喊杀声响起，时隐时现，原来遇上海盗了。但郑和丝毫不惊慌，他从容指挥水手们作好战斗准备。经过艰苦的战斗，海盗们没有占到任何便宜，最后灰溜溜地逃走了，他们本想趁火打劫，没想到碰到了硬骨头。在途中，这样的事情不知出现了多少次，但郑和都是冷静地应付，从不退缩。

从1405年到1433年这二十八年中，郑和共七次远航。先后访问了三十多个国家，最远到达今天非洲的东海岸和红海沿岸。郑和七次下西洋，促进了中国同亚洲、非洲国家的交流，大大地扩大了中国的眼界。各地的人们为了纪念他，将他到过的地方用他的名字来命名，如泰国有三保庙、三保港，马来西亚有三保城、三保井，印度尼西亚有三保垄等。

《明史 · 郑和史》

本篇成语解释：

1.【兵荒马乱】形容战时混乱不安的景象。

2.【趁火打劫】趁别人有危难时去捞好处。

郑成功收复台湾

郑成功(公元1624年——1662年),本名森,字大木,福建南安人,明清之际收复台湾的名将。风仪秀整,倜傥有大志,气宇非凡。

宝岛台湾自古以来就是中国的神圣领土,但是在1623年的时候,被荷兰殖民者强行霸占了。台湾人民从那一天起,从来没有停止过战斗。三十八年以后,在民族英雄郑成功的领导下,终于将荷兰殖民者赶出了台湾。

郑成功眉高眼长,声音洪亮,长得神采飘逸,聪慧健美。后来进了私塾读书,他勤奋学习之余,又刻苦练习射箭骑马等武艺。后来,清朝灭亡了明朝,他的父亲郑芝龙为了保住自己的财产和地位,想投降清朝。郑成功对他苦苦相劝,但他父亲不听,于是郑成功与父亲分道扬镳,他在家乡招兵买马,组织义军,开展抗清活动。由于力量不足,抗清后来失败了,清政府下令对郑成功加以严密封锁。没有办法,郑成功决定收复宝岛台湾,以它作为新的抗清基地。

以前郑成功曾跟随父亲到过台湾,亲眼看到了台湾人民在荷兰殖民统治下的苦难生活,当时他就立下壮志,日后一定要把

战场上识勇敢，激怒中识智慧，穷困中识朋友。——佚名

台湾收复过来，救人民于水深火热之中。郑成功率兵到厦门以后，积极筹集粮饷，操练军队，并传令大修船只，准备进军台湾。

1661年三月初一，在作好充分的战前准备以后，郑成功举行了隆重的誓师仪式。然后亲自率领二万五千人的大军，数百艘战船，浩浩荡荡向台湾进发。从外海进入台湾，必须经过大港或鹿耳门。大港海口宽阔，是荷兰军队重点设防的地方；而鹿耳门水浅多礁，航道曲折，难于航行，荷兰殖民者认为是一个天险，防守并不严密。郑成功出其不意，乘着潮水高涨，将战船一艘接一艘地开进了鹿耳门，然后大军顺利登陆。

他们登陆以后，敌人还毫不知情，郑成功随即命令军队偷偷地包围了赤嵌城（今台南），并且切断了荷兰的交通线，使别地的军队不能援助。赤嵌城是荷兰总督揆一的驻地，也是他们在台湾的统治中心，城堡上装有二十门四千斤重的大炮，防御工事很坚固。揆一知道赤嵌被围后，慌了神，马上派使者给郑成功送去十万两白银，向郑成功求和，希望郑成功放弃收复台湾，他保证愿意年年向郑成功进贡。郑成功严正地警告荷兰人：“中国的领土台湾，是必须收回的，没有商量的余地；你们如果赖着不走，我们只有毫不留情地把你们赶出去！”

由于城堡上的火力凶猛，郑成功的军队一时攻打不下，他就改用长期围困的办法，八个月以后，城里的敌人饿死了不少。后来当地的人民向郑成功献计说，城中没有井水，靠外面的水源供给，只要断绝水路，荷兰军队不出三天就会投降的。果然，三天后，敌人主动投降

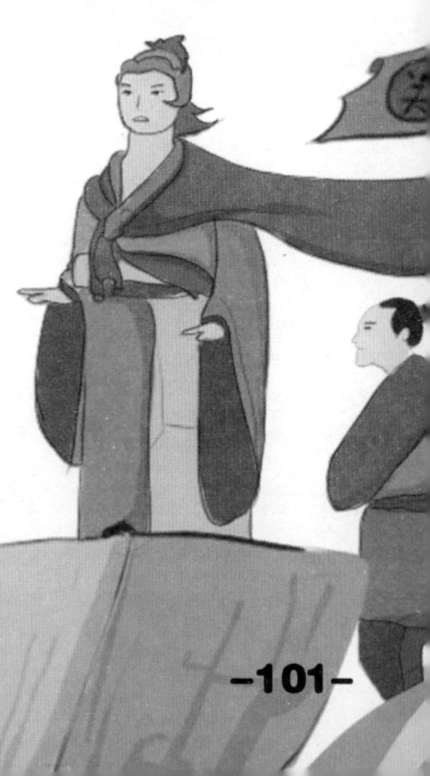

了。第二年，驻台湾的荷兰总督揆一不得不在投降书上签字，台湾终于回到了祖国的怀抱。

郑成功收复台湾这一丰功伟绩，使他成为中国历史上杰出的民族英雄。

《明史·郑成功传》

本篇成语解释：

1.【分道扬镳】镳：马勒口；扬镳：驱马前进。指分路而行。

2.【水深火热】比喻人民生活极端痛苦。

3.【出其不意】原指作战时，在对方想不到的时候进行袭击。后来也泛指出乎别人的意料。

4.【丰功伟绩】丰：多；伟：大。伟大的功劳和业绩。

江天一临死不惧

江天一，生卒年不详，本名景，字文石，号石嫁樵夫。徽州歙县（今安徽歙县）人。深沉多智，义烈之士。明朝末期著名抗金将领，官至监纪推官。

江天一本来是一个读书人。小时候家里很穷，而且父亲很早就去世了，他就承担起家中的重任，一方面侍奉孝敬母亲，一方面还要照顾弟弟天表，虽艰苦万分，但他任劳任怨，从不偷懒、发脾气。

江天一很注意自己的品德修养，他曾经对人说："人要是没有好的品德和操行，就肯定写不出好文章！"由于家里穷，盖不起砖房，他和弟弟一起筑土建房，谁知屋顶盖了一半之后又没有了瓦，他们只好用稻草将另一半遮住。因此，一出太阳就热死人，一下雨则漏雨不止，家里人有些抱怨，但江天一镇静自若，照样捧着书本读书。很快，他就以知识渊博在当地闻名，而且他也很有智谋。当地的一个佥事（负责推荐官员的官）金声很器重他，就把他召去做参谋。

后来，叛军攻破了武昌，武昌的总兵左良玉仓皇往东逃跑，士兵四处逃窜。这些人杀敌不行，欺侮老百姓倒是很在行。

他们一路烧杀抢夺，偷鸡摸狗，人们十分害怕，见了他们就躲。很快，这些逃兵就要到安徽了，安徽人民听后更是十分恐慌。金声马上与江天一商量对策，决定把这个重任交给江天一。江天一当即率领壮士五百人，个个背着大刀，戴着面罩，一路飞奔几十里。这时逃兵已经进入了安徽范围内，江天一在一个地方与逃兵大战一场，杀得天昏地暗，终于杀死大半逃兵，缴获了很多武器和军粮，剩下的那些逃兵一个个逃命去了，再也聚不到一块。于是安徽得以安定下来。

后来，清军南侵，打到了江南一带，许多州县见清军就逃跑，根本不敢抵抗，只有安徽人奋勇抵抗。南明王朝建立以后，江天一被任命为监纪推官，负责防守。江天一建议在绩溪设立关隘，再以其他各县为补充，互相策应，就可以抵抗住清军的进攻。清军很快打到了绩溪，把绩溪包围了起来。但是江天一仍然每天都战斗在第一线，丝毫也不敢懈怠。

一天，清军故意用少数兵在城外进攻，却派大部分兵力从另一条小路突然进攻防守薄弱的地方。江天一他们措手不及，马上派人去支援，但是已经迟了，敌人蜂拥进了城。清军进城之后，到处寻找江天一。江天一早就把生死置之度外了，他认为自己没能守住城，决心以身殉国。由于他不想让敌人残杀无辜，遂挺身而出。他仔细嘱咐弟弟天表要好好孝敬供养母亲后，毅然走出大门，

大喝一声：“我就是江天一！”

敌人逮捕了他，有人问他：“你为什么不逃跑呢？”江天一说：“你们不是要找我吗？如果找不到我，肯定会滥杀无辜，我不想连累老百姓！”又有人说：“你还有老母亲在，还不能死啊！”江天一说：“忠孝自古不能两全啊！为了国家我只能死！”

后来，叛将洪承畴亲自来劝他投降，江天一昂首挺胸，大骂叛徒：“别说废话了，不如杀了我，否则我还会起兵抵抗的！”说完大声喊了三声“皇上万岁”，然后朝南面拜了几拜，等待受刑，最后从容就义。

《明史·江天一传》

本篇成语解释：

1.【任劳任怨】任：担当；劳：劳苦；怨：别人对自己的埋怨。不辞劳苦，不怕埋怨。

2.【偷鸡摸狗】指偷窃的行为。也指不正经的勾当。

3.【置之度外】度：心意。事情不放在心上。

勇气是一种内在的东西，并不是因为人多势众才有的。——约·德莱顿

我的中国，我的德国

冯梦月

我从小就喜欢读书，有两个原因使我养成了这个不错的习惯。一是我在幼年总喜欢缠着老爸讲故事，他每次都是拿着书来讲，我自然认定，故事是从书上来的。上小学后，我认识了一些汉字，便借助《新华字典》读我喜欢的故事书。二是老妈不知从哪里听说，看电视对小孩子不好，对眼睛不好，对今后思维也不好，除了让我看动画片外，其他一律不让看，这样逼着我只好去读书。我会因为读书忘了自己坐在马桶上，也会忘了老妈让我去超市买盐。有一个大冬天，老妈见我洗脚看书，怕我冻感冒，不断地催我，结果读书入了迷的我把书当成了擦脚布。

历史书籍是我的最爱之一。尤其是中国古代史，也许是它离我们现在的生活比较远，所以在我眼里倍显神秘。让我爱不释手的，是我上小学三年级时，老爸买的一套少儿版《二十四史》。中国历朝历代形形色色的人物和他们的情感，因为远观，让我着迷。

由于老妈被派到德国工作的缘故，还不满十三岁的我随行来到柏林，开始了留学生涯。刚到德国的那一年，我是在语言学校里度过的。第一次上学，因为迷路，居然在地铁里穿梭了五个小时。第一节课，我都记不起来是怎么听进去的，感觉自己像个傻子。初到德国的我，日常的一切，对我竟然那么地艰难，我很受打击。由于没有德语基础，与德国同学交流不畅，郁闷中，我竟把《二十四史》当成了精神食粮和交流对象，闲来便翻。半年后，老爸来探亲时，我大段背诵给他听，令他惊讶不已。

眨眼之间，来德国已经七年，我逐渐适应了这里的学习、生活和文化。德国中学的历史课主要讲德国、欧洲和美国的历史，滔滔绵绵、跌宕起伏；德语课上接触到的，不是歌德、席勒、海涅、莱辛等世界级古典巨匠，就是里尔克、黑塞、伯尔、格拉斯等现当代文坛巨子的作品，受益匪浅是毋庸置疑的，但我总有一种隔膜感。这也许就是根深蒂固的文化差异，中国的文化已经融入了我的血脉之中。好在有网络这个好帮手，我可以便捷地阅读中文，《论语》、《道德经》、《围城》、《四世同堂》……有一阵子，我还疯狂地迷上了宋代的婉约派诗词，大量搜集、诵读李清照的作品，不仅被弄得"凄凄惨惨戚戚"、柔肠百结，而且还模仿易安居士填词吟诵，以致被老妈笑称"冯清照"。

我的同学不全是德国人，也有来自土耳其、伊拉克、越南、希腊、俄罗斯、美国等国家的。我发现，他们对中国的了解大都仅限于人口众多、计划生育、社会主义、崛起大国等概念，对中国的历史和文化的认知少得可怜，但也有例外。我在德国一所寄宿学校读书时，我的历史老师喜欢研究唐朝和武则天，因为这个缘故，我们成了好朋友。她很佩服我的唐代历史知识，像找到了知音一般。其实，关于唐代历史，我刚入门，她也是略知皮毛而已。我现在就读的柏林洪堡文理中学，汉语可作为第二外语选修。除了学习简单的汉字和语句，还大量阅读翻译成德文的中文小说和历史常识。学到鲁迅的《狂人日记》时，同学萨拉问我，既然儒家思想属于中国的文化传统，为什么"仁义道德"就"吃人"了呢？这真是个好问题！儒家思想的核心虽可浓缩为"仁义理智信忠勇孝悌廉"十个字，但其精神内涵岂可三言两语以蔽之？更何况，中、西价值观本来就不在一个坐标系上。我只好从法律到伦理，左右开弓，总算让萨拉半信半疑地点了点头。

中国的传统文化博大精深，但遗憾的是，我们当下的年轻一代大多追求流行文化，往往忽略了对传统文化的认知和探寻。作为一个"资深"的小留学生，我的切身感受是，在"地球村"时代，传统文化不仅是本民族过去和现在之间的纽带，而且也是与其他民族之间对话和交流的桥梁，我们必须学习和了解。

丁卉是我老爸朋友的女儿，我们很小就认识，她小时候总叫我"姐姐"。五年前，我回国时去她家玩，不知怎么就谈到了唐诗宋词，她竟背出了我最喜爱的唐诗之一——白居易的《长恨歌》！真是心有灵犀。四年前，她去了新加坡留学。现在，我俩合作主编一套国学丛书，一来给自己充充电，二来想带领90后、00后的学弟学妹们通过阅读故事了解一点中国的历史和文化。